身体にいいものだけ！

すぐ作れる
朝ごパン、
米粉おやつ

リケコ

はじめに

みなさん、朝ごはんはどんなものを食べていますか？
栄養のあるものをしっかり食べていますか？
そういう私も、実は子どもが生まれてから余裕がなく、
朝食は白ご飯に納豆だけという日もしょっちゅうでした。
お腹がすくとストレス解消に市販のお菓子を暴食するようになり、
肌荒れはひどく、いつもイライラ…。

乱れた食生活を救ってくれたのが、朝すぐ食べられるパンと米粉のおやつでした。
きっかけは、育児書で読んだ「おやつ＝補食」という情報。
「栄養がとれるおやつなら罪悪感もなく、むしろ食べて健康になれるのでは？」と
考えるようになり、子どもの頃に好きだったお菓子作り熱が復活したのです。
野菜や抹茶など栄養価の高い食材を使い、油や砂糖は極力控えめに。
パン作りは、小麦の摂取量と頻度を意識して週末のお楽しみに。
体にやさしいこと、心が喜ぶことを大切にしながら食生活を見直していきました。

また、手作りのネックである手間もできるだけ減らしました。
工程の多いパン作りは生地の仕込み方を変えて時短にし、
ポリ袋で作業を完結させるなど洗いものも削減。
おうちで気軽に作れるようにレシピを改良していきました。
インスタグラムでは、「初心者でも簡単に作れた！」「朝が待ち遠しくなった！」
などのうれしい声もたくさんいただけました。

この本では、SNSで未公開の新作レシピを数多く紹介しています。
お菓子のレシピには難易度を表す★マークがついているので、
初心者の方は★が少ないものからぜひ挑戦してみてください。
慣れれば全制覇できるほど、どのレシピも簡単です！
「パンやお菓子作りは、時間に余裕がある人がするもの」
「おやつは嗜好品で体にあまりよくないもの」
そんなイメージは、作って食べてみるときっと変わります。
そして、自分の暮らしを見直すひとつのきっかけになるかもしれません。
ページをめくっているうちに、明日からの朝ごはんが楽しみになることでしょう。

リケコ

CONTENTS

朝すぐできる、栄養たっぷり
朝ごパン

レンチン1分半で栄養チャージ！
平日のマグケーキ

冷蔵庫でひと晩放置
朝すぐ焼けて 気持ちの負担にならない！
休日朝焼く強力粉パン

★道具最小限で作れるパン ── ①
耐熱容器で混ぜて、朝すぐ焼ける！

★道具最小限で作れるパン ── ②
袋でもんで、朝すぐ焼ける！

★道具最小限で作れるパン ── ③
ボウルで混ぜて、朝すぐ焼ける！

オーブントースターで　すぐ焼ける米粉パン

PART 2

すぐ作れる、身体にいいものだけ
米粉おやつ

本書で紹介するレシピの約束ごと

- 大さじ1=15ml、小さじ1=5ml
- 卵は指定以外Mサイズ（正味約50g）を使用。
- オーブンは電気オーブン、オーブントースターは1000wのものを使用しています。機種により性能に差があるため、表示の温度と焼き時間を目安に、お使いの機器に合わせて調整してください。
- 電子レンジは600wを基準にしています。500wの場合は加熱時間を1.2倍にするなど、お使いの機器に合わせて適宜調整してください。
- 加熱機器はガスコンロを使用しています。IH調理器などの場合は、調理機器の表示を参考にしてください。
- 材料にはちみつを使用しているレシピは、1歳未満の乳児には食べさせないでください。

撮影… 広瀬貴子
ブックデザイン… 芝 晶子（文京図案室）
スタイリング… 岡本ゆかこ
調理アシスタント… 三好弥生
校正… 鈴木初江
編集協力… 佐藤由香
編集… 橋本恵子（KADOKAWA）

食材協力… 株式会社富澤商店
オンラインショップ https://tomiz.com/
電話 0570-001919

よく使う材料

粉類、油脂、砂糖やはちみつ（糖分）のほか、生地をふくらませるために
イーストやサイリウムを使います。スーパー、製菓店などで購入できます。

強力粉❷　サイリウム❸　ベーキングパウダー❸　はちみつ❶❷❸　インスタントドライイースト❷　バター（食塩不使用）❷❸　砂糖❶❷❸　オリーブ油❶❷　米油❶❷❸

❶ マグケーキで使用　❷ 強力粉パンで使用　❸ 米粉おやつ、米粉パンで使用

強力粉
パン作りではたんぱく質含有量の多い強力粉を使用します。本書のレシピは外国産の「カメリヤ」がおすすめ。

サイリウム
米粉のパンでは、水分を保つ働きのあるサイリウムを少量混ぜることで生地がまとまりやすくなります。メーカーによって多少違いがあるため、必要があれば生地を見ながら量を加減して。

砂糖
栄養面を考えてミネラルの多いきび砂糖を使っていますが、上白糖でもOK。

ベーキングパウダー
生地をふくらませるのに使用。安心のため、アルミ不使用を選んでいます。

はちみつ
純粋はちみつ100％は、砂糖よりしっとりした仕上がりに。種類によっても味わいに変化が生まれます。

インスタントドライイースト
予備発酵が不要で、材料に直接混ぜて使用できるタイプが便利。開封後は密封して冷凍または冷蔵室で保存して。

油（米油、オリーブ油）
米油はクセがなくお菓子向き。無臭の油でも代用できます。オリーブ油は風味を出したいおかず系のパンに使います。

バター（食塩不使用）
風味を高める、つやを出すなどさまざまな効果があります。一般的なバターは塩分が入っているので、食塩不使用の表記のあるものを選んで。

米粉はこれ一択

米粉は商品により吸水率が異なります。おすすめは共立食品の「米の粉」。ほかの米粉と比べてふくらみがよく、お菓子もパンも上手に作れます。

よく使う道具

パンやお菓子作りは道具がたくさん必要だと思われがちですが、この本のレシピは
少ない道具で作れるものばかり。洗いものが減るのもうれしいメリットです。

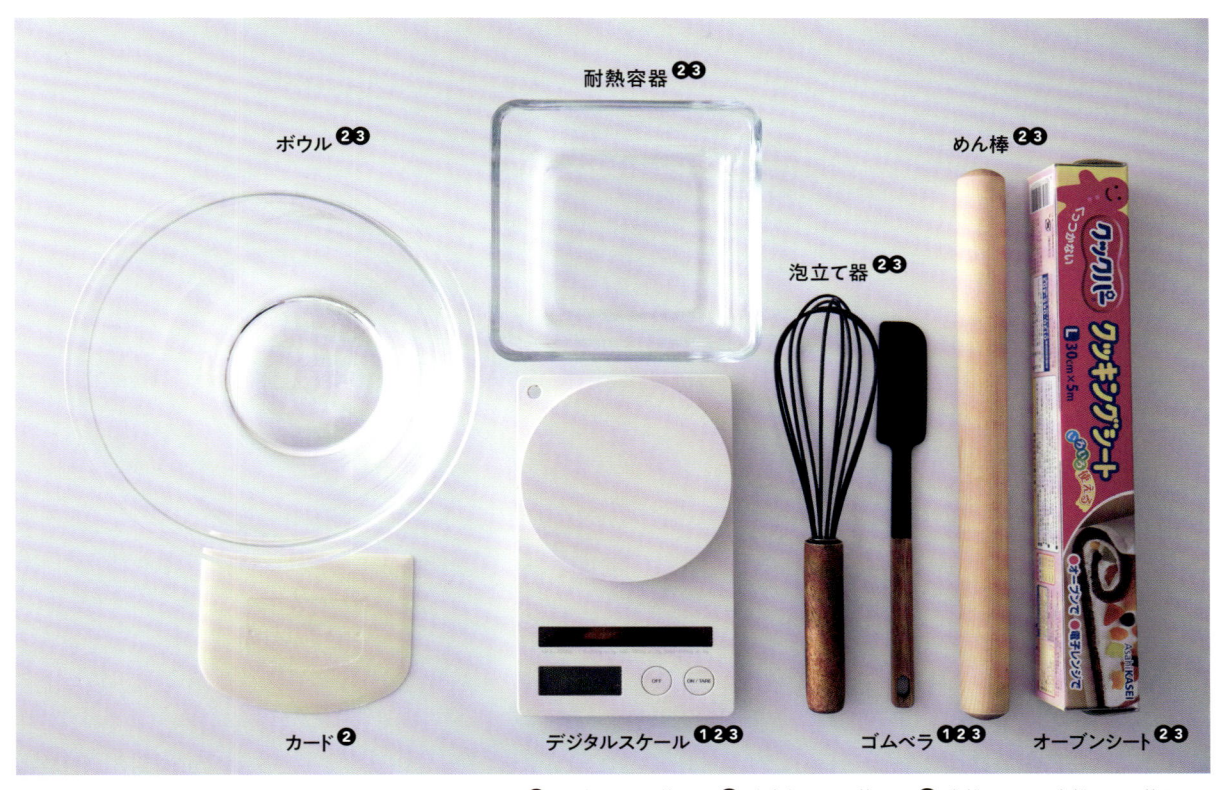

耐熱容器❷❸
ボウル❷❸
めん棒❷❸
泡立て器❷❸
カード❷
デジタルスケール❶❷❸
ゴムベラ❶❷❸
オーブンシート❷❸

❶ マグケーキで使用　❷ 強力粉パンで使用　❸ 米粉おやつ、米粉パンで使用

これもよく使う材料

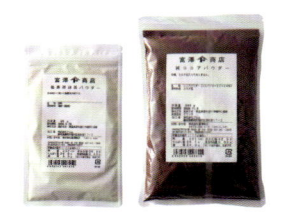

パンやお菓子のバリエーションを増やすのに役立つ。抹茶パウダー（左）やココアパウダー（右）は栄養価も高く、子どもも好きな味なので積極的に使っています。

ボウル
パンの生地作りには、直径18cm以上のガラス製がおすすめ。レンジ加熱するので耐熱ボウルを用意して。

カード
スケッパーともいい、直線部分はパンの生地を分割するときに使用。100円ショップでも入手できます。

耐熱容器
ちぎりパンで使用。サイズは15×15×高さ6cmくらい、オーブンでも使用できるガラス製を選びましょう。

デジタルスケール
パンやお菓子作りは、材料を正確に量ることがとても大切。0.1g単位で計量できるものがあると便利です。

泡立て器
お菓子の生地作りで使います。安いもので構いませんが、サイズは中〜大サイズが混ぜやすいです。

ゴムベラ
粉類をしっかり混ぜるときに重宝。マグカップにも入れられる先の細いタイプはオールマイティーに使えます。

めん棒
生地をのばす際に使います。パン用のものも販売されていますが、料理にも使えるふつうのもので構いません。

オーブンシート（クッキングシート）
成形した生地を天板に並べたり、パウンド型に流すときに敷きます。四隅を絞って型のように使うことも可能。

この本のレシピで大切にしていること

①後片づけがラク！

この本では、ボウルの代わりにポリ袋を使ったり、容器ひとつで混ぜて焼くだけにするなど、道具をなるべく使わない簡単な作り方にしています。お菓子やパン作りにつきものの後片づけを気にすることなく、「作って楽しい！食べておいしい！」が叶います。

②おやつは補食、栄養をつめこみます

子どものおやつは足りない栄養を補う「補食」といわれていますが、私たち大人はどうでしょうか？ 忙しい現代人は時間がなくてついご飯を抜いてしまったり、栄養が不足気味ともいわれているから、食材もできるだけ意識。野菜や栄養価の高い抹茶などを使って、しっかりと栄養もとれるようにしています。

③食生活はベストじゃなくベター

健康のことを考えると、小麦粉や砂糖、油は控えたほうがいいのではと思っていますが、気にしすぎると自分を苦しめることになりがち。ストイックに排除するのではなく、砂糖の代わりにバナナやはちみつで甘さを控えたり、グルテンが気になるパンは週末の楽しみにして食べる頻度を減らすなど、無理のない方法でとりすぎに気をつけています。体にやさしいことはもちろんですが、おいしさや気持ちも含めたバランスが大切。

④食べきれる量を作る

たくさん作って作り置きするのもいいけれど、思い立ったらパッと作れて、できたてが食べられるのは手作りならではの魅力。だから、できたてが味わえる食べきりサイズのレシピにしています。作りやすく、食べすぎず、食べ飽きない。ほどよい量が理想！

⑤家にあるもので作れる！

お菓子やパン作りはアーモンドプードルなど特別な材料が必要なレシピも多いのですが、私のレシピは誰の家にもある身近な材料で作れるものがほとんど。甘いものが食べたいと思ったとき、「コンビニに行くより作った方が早いかも」と思えるくらい、気軽に作ってもらえたらうれしいです。

PART

1

朝すぐできる、栄養たっぷり

朝ごパン

朝ちゃんとごはんを食べたいけれど、忙しくてなかなか余裕がない…。
そんなときに、カップで混ぜて1分半レンチンするだけで栄養がしっか
りとれるマグケーキや、起きてすぐに焼けるパンがおすすめです。
ご紹介するパンレシピは、こねない、発酵は寝ている間に冷蔵庫で、
などとても簡単。洗いものも最小限で、きっと朝が変わります。

平日の
マグケーキ

朝食より寝ていたい、朝は食欲がないという
人にもおすすめなのが、食べきりのマグカッ
プ蒸しパン。準備から完成まで10分以内な
ので、忙しい平日の朝でも負担にならずに作
れます。卵が１個まるっと入って栄養たっぷり、
グルテンフリーでお腹にやさしく、ふわふわ
の食感もやみつきに！

※マグケーキはラップをかけずにレンジ加熱します。

抹茶マグケーキ

SNSの再生回数は
公開中のレシピの中でダントツ1位！
抹茶の風味を生かした
大人の味わいが人気です。
製菓用の抹茶パウダーは
苦みが控えめなので、
子どもも安心して食べられます。

材料（口径9×高さ8cmのマグカップ1個分）
はちみつ …20g
抹茶パウダー …4g
卵（S〜M玉）…1個
米油 …6g
米粉 …30g
ベーキングパウダー …2g

マグケーキ大さじ小さじ換算表

デジタルスケールがない人や、
計量スプーンで作りたい場合は、
レシピ中の分量を以下の
換算表に基づいて割り出してください。
（さじはすりきりで計量すること）

換算表	さじ	g
米粉	大さじ1	7g
オイル	小さじ1	4g
砂糖（上白糖）	小さじ1	3g
	大さじ1	9g
ベーキングパウダー	小さじ1	3g
はちみつ	小さじ1	7g
	大さじ1	22g

作り方

1

マグカップにはちみつ、抹茶パウダーを入れて、ゴムベラでなじむまでよく混ぜる。

2

1に卵、米油を加え、均一に混ぜる。

3

2に米粉を加え、粉けがなくなるまで混ぜる。

4

3にベーキングパウダーを加えてさっと混ぜ、電子レンジ（600w）で1分30秒加熱する（表面が生っぽいときはさらに10秒ずつ加熱する）。

ココアマグケーキ

抹茶と同じ作り方でココア味も楽しめます。
ほどよい甘みと、米粉のもっちり食感がマッチ。

材料（口径9×高さ8cmのマグカップ1個分）

はちみつ …20g

ココア（無糖）…8g

卵（S〜M玉）…1個

米油 …6g

米粉 …30g

ベーキングパウダー…2g

作り方

P13抹茶マグケーキの作り方1、抹茶パウダーをココアに変えて同様に作る。

バナナマグケーキ

甘いものが食べたい気分を
満足させてくれるバナナ味。
消化吸収がよく、エネルギー補給にぴったり。

材料（口径9×高さ8cmのマグカップ1個分）

バナナ（あれば熟したもの）…50g

卵（S〜M玉）…1個

米粉 …25g

ベーキングパウダー…2.5g

作り方

1 マグカップにバナナを入れ、フォークでペースト状につぶす。

2 1に卵を加え、ゴムベラで均一に混ぜる。

3 2に米粉を加え、粉けがなくなるまで混ぜる。

4 3にベーキングパウダーを加えてさっと混ぜ、電子レンジ（600w）で1分30秒加熱する（表面が生っぽいときはさらに10秒ずつ加熱する）。

バナナココアマグケーキ

ココアと相性バツグンのバナナを組み合わせて。
甘みが足りないときは、はちみつをかけても。

材料（口径9×高さ8cmのマグカップ1個分）

バナナ（あれば熟したもの）…50g	米粉 … 20g
ココア（無糖）… 5g	ベーキングパウダー … 2.5g
卵（S〜M玉）… 1個	**好みで** バナナの輪切り … 適量

作り方

1　バナナは薄切りにし、マグカップに入れてフォークでペースト状につぶす。

2　1にココア、卵を加え、ゴムベラで均一に混ぜる。

3　2に米粉を加え、粉けがなくなるまで混ぜる。

4　3にベーキングパウダーを加えてさっと混ぜ、電子レンジ（600w）で1分30秒加熱する（表面が生っぽいときはさらに10秒ずつ加熱する）。好みで輪切りにしたバナナをのせる。

きなこマグケーキ

きなこを入れることで、米粉に不足しがちなたんぱく源のリジンが摂取でき、バランスのいい一品に。

材料（口径9×高さ8cmのマグカップ1個分）

はちみつ … 15g	きなこ … 10g
卵（S〜M玉）… 1個	米粉 … 25g
米油 … 9g	ベーキングパウダー … 2g
塩 … 少々	

作り方

1　マグカップにはちみつ、卵を入れて、ゴムベラでよく混ぜる。

2　1に米油、塩を加えて混ぜる。

3　2にきなこ、米粉を加え、粉けがなくなるまで混ぜる。

4　3にベーキングパウダーを加えてさっと混ぜ、電子レンジ（600w）で1分30秒加熱する（表面が生っぽいときはさらに10秒ずつ加熱する）。

15

カレーチーズマグケーキ

材料（口径8×高さ9.5cmのマグカップ1個分）

卵（S〜M玉）…1個	米粉…30g
カレー粉…3g	ピザ用チーズ…10g
塩…ひとつまみ	ベーキングパウダー…2g
砂糖…5g	
米油…9g	ピザ用チーズ…適量（仕上げ用）

作り方

1. マグカップに卵を入れ、ゴムベラで溶きほぐす。
2. 1にカレー粉、塩、砂糖、米油を加え、均一に混ぜる。
3. 2に米粉を加え、粉けがなくなるまで混ぜる。
4. 3にピザ用チーズ、ベーキングパウダーを加え、軽く混ぜる。
5. ピザ用チーズ適量をのせ、電子レンジ（600w）で1分30秒加熱する（表面が生っぽいときはさらに10秒ずつ加熱する）。

トマトチーズマグケーキ

材料（口径8×高さ9.5cmのマグカップ1個分）

卵（S〜M玉）…1個	ベーキングパウダー…2.5g
オリーブ油…6g	トマトの輪切り（角切り）…1枚
砂糖…5g	ピザ用チーズ…10g
トマトケチャップ…5g	
塩、こしょう…各少々	
米粉…30g	

作り方

1. マグカップに卵を入れ、ゴムベラで溶きほぐす。
2. 1にオリーブ油、砂糖、トマトケチャップ、塩、こしょうを加えて混ぜる。
3. 2に米粉を加え、粉けがなくなるまで混ぜる。ベーキングパウダーを加えてさっと混ぜる。
4. 3にトマト、ピザ用チーズを順にのせ、電子レンジ（600w）で1分50秒加熱する（表面が生っぽいときはさらに10秒ずつ加熱する）。

カレーチーズ
甘くないマグケーキを食べたいときにおすすめ。カレーとチーズの風味で食欲アップ。

トマトチーズ
相性のいいトマトとチーズの組み合わせ。シンプルなのにうまみが濃厚です。

ハムチーズ
卵、ハム、チーズと、朝食向きの食材をたっぷり使った栄養満点ケーキ。朝の定番にしたい一品です。

ウインナー
朝しっかり食べたい
ときはこちら。
ウインナーが丸ごと
1本入っていて、
食べごたえ十分！

ウインナーマグケーキ

材料（口径8×高さ9.5cmのマグカップ1個分）

ウインナー
　（薄い輪切り）… 1本
卵（S〜M玉）… 1個
オリーブ油 … 6g
砂糖 … 5g

塩、こしょう … 各少々
米粉 … 30g
ベーキングパウダー
　… 2g
トマトケチャップ … 適量

作り方

1　マグカップにウインナーを入れ、ラップをかけて電子レンジ（600w）で30秒加熱する。トッピング用に少し取り分ける。

2　**1**のマグカップに卵を加え、ゴムベラでよく混ぜる。オリーブ油、砂糖、塩、こしょうを加えて混ぜる。

3　**2**に米粉を加え、粉けがなくなるまで混ぜる。

4　**3**にベーキングパウダーを加えてさっと混ぜ、トッピング用のウインナーをのせる。 電子レンジ（600w）で1分30秒加熱する（表面が生っぽいときはさらに10秒ずつ加熱する）。

5　取り出してトマトケチャップをかける。

ハムチーズマグケーキ

材料（口径8×高さ9.5cmのマグカップ1個分）

卵（S〜M玉）… 1個
塩、こしょう … 各少々
砂糖 … 5g
米油 … 6g
米粉 … 30g

ハム（1cm角に切る）
　… 1枚
スライスチーズ
　（1cm角に切る）… 1枚
ベーキングパウダー
　… 2.5g

作り方

1　マグカップに卵、塩、こしょう、砂糖、米油を入れ、ゴムベラでよく混ぜる。

2　**1**に米粉を加え、粉けがなくなるまで混ぜる。

3　**2**にハム、スライスチーズを加えて混ぜる。

4　ベーキングパウダーを入れ、さっと混ぜる。電子レンジ（600w）で1分30秒加熱する（表面が生っぽいときはさらに10秒ずつ加熱する）。

コーヒーマグケーキ

朝の目覚めがよくなりそうなコーヒー風味のケーキ。
控えめな甘さとほろ苦さがクセになります。

材料（口径8×高さ9.5cmのマグカップ1個分）
はちみつ …15g
インスタントコーヒー…1.5g
卵（S〜M玉）…1個
米油 …6g
米粉 …30g
ベーキングパウダー…2.5g

作り方

1 マグカップにはちみつ、インスタントコーヒーを入れ、電子レンジ（600w）で20秒加熱する。取り出してよく混ぜる。

2 1に卵、米油を加え、ゴムベラで均一に混ぜる。

3 2に米粉を加え、粉けがなくなるまで混ぜる。

4 3にベーキングパウダーを加えてさっと混ぜ、電子レンジ（600w）で1分30秒加熱する（表面が生っぽいときはさらに10秒ずつ加熱する）。

ほうれん草マグケーキ

青菜のケーキは子どもに野菜を食べさせたいときにも重宝。食べやすいように細かく刻んで。

材料（口径8×高さ9.5cmのマグカップ1個分）
ほうれん草 …3〜5本
卵（S〜M玉）…1個
塩、こしょう … 各少々
砂糖 …5g
オリーブ油 …6g
米粉 …30g
ハム（1cm角に切る）…1枚
ベーキングパウダー…2.5g

作り方

1 ほうれん草はラップに包み、電子レンジ（600w）で40秒加熱する。水にさらして水気を搾り、みじん切りする。

2 マグカップに卵、塩、こしょう、砂糖、オリーブ油を入れ、よく混ぜる。

3 2に米粉を加えて粉けがなくなるまで混ぜる。

4 3にハム、ほうれん草を加えて混ぜる。

5 4にベーキングパウダーを加えてさっと混ぜ、電子レンジ（600w）で1分30秒加熱する（表面が生っぽいときはさらに10秒ずつ加熱する）。

ほうれん草

コーヒー

紅茶マグケーキ

煮出した紅茶の葉ごとレンチン。はちみつではなく
砂糖で、甘みと渋みのバランスをとります。

材料（口径8×高さ9.5cmのマグカップ1個分）
無調整豆乳（または牛乳）…10g
紅茶…2g
卵（S〜M玉）…1個
砂糖…10g
米油…6g
米粉…30g
ベーキングパウダー…2g

作り方

1　マグカップに豆乳、紅茶（ティーバッグの場合
　　は茶葉を取り出す）を入れ、電子レンジ（600w）
　　で20秒加熱する。取り出してゴムベラで混ぜる。

2　1に卵、砂糖、米油を加えてよく混ぜる。

3　2に米粉を加え、粉けがなくなるまで混ぜる。

4　3にベーキングパウダーを加えてさっと混ぜ、電
　　子レンジ（600w）で1分30秒加熱する（表面が
　　生っぽいときはさらに10秒ずつ加熱する）。

かぼちゃマグケーキ

ゴロゴロのかぼちゃがたっぷり。
ビタミン、たんぱく質がしっかりとれる
ヘルシーなおかずケーキです。

材料（口径8×高さ9.5cmのマグカップ1個分）
かぼちゃ（ワタと種を　　米粉…30g
　　除いたもの）…60g　　ベーキングパウダー
卵（S〜M玉）…1個　　　…2.5g
はちみつ…5g

作り方

1　かぼちゃは皮を除いて小さめの角切りにし、水
　　にさっとさらす。マグカップに入れてラップをか
　　け、電子レンジ（600w）で1分ほど加熱する。ト
　　ッピング用に4〜5切れ取り分け、残りはフォー
　　クでペースト状につぶす。

2　1に卵、はちみつを入れ、ゴムベラで混ぜて均
　　一にする。

3　2に米粉を加え、粉けがなくなるまで混ぜる。

4　3にベーキングパウダーを加えてさっと混ぜ、ト
　　ッピング用のかぼちゃをのせて電子レンジ（600
　　w）で1分30秒加熱する（表面が生っぽいとき
　　はさらに10秒ずつ加熱する）。

かぼちゃ

紅茶

冷蔵庫でひと晩放置
朝すぐ焼けて
気持ちの負担にならない！

休日朝焼く
強力粉パン

一般的なパン作りはとても手間がかかりますが、「オーバーナイト法」という冷蔵庫で夜発酵させる方法なら簡単。こねる技術がなくても失敗しにくく、朝起きてすぐ焼けるのがうれしい！　休日の朝、ワクワクしながらパンを焼く、ちょっとぜいたくな時間が楽しめます。

耐熱容器で混ぜて、朝すぐ焼ける!

おかずの保存でよく使われる、角型の耐熱容器。実はパン作りにもうってつけなんです。発酵スピードを速めるためにレンジ加熱するのですが、耐熱容器を使えば仕込みから焼くまでひとつで完成。あれこれ道具を使わず、食べきりサイズのちぎりパンが簡単に作れます。

容器で混ぜるだけ

チョコレートのちぎりパン

ココアは、少量の水分と練り合わせることでダマになりにくく、
粉をふるう手間も省けます。焼きあがったら、
表面にバターを塗るとツヤッとかわいい見た目になりますよ。

＼4個分食べきりサイズ／

材料（15×15×高さ6cmの耐熱容器で4個分）

A | 水 … 20g
　 | ココア（無糖）… 7g

B | 牛乳（または無調整豆乳）… 50g
　 | バター（食塩不使用）… 6g
　 | 砂糖 … 10g

インスタントドライイースト … 1g

C | 塩 … 1g
　 | 強力粉 … 100g

クーベルチュールチョコレート（スイート）… 20g

米油 … 適量

好みで
バター … 適量（仕上げ用）

作り方

生地を仕込む

1

耐熱容器に*A*を入れてゴムベラで混ぜ、なじんだら*B*を加えて電子レンジ（600w）で約20秒加熱する。ドライイーストを加えて、しっかりと混ぜ溶かす。*C*を加えて、ゴムベラで粉けがなくなるまで3分ほど混ぜる。

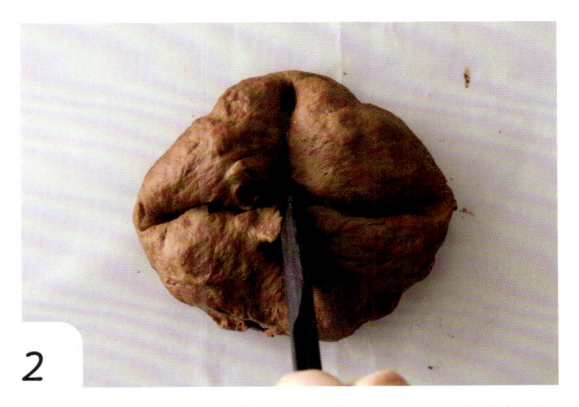

2

*1*をひとまとめにして手で砕いたチョコレートを加え、混ぜる。25cm長さに切ったオーブンシートに取り出し、ゴムベラでざっくりと4等分にする。

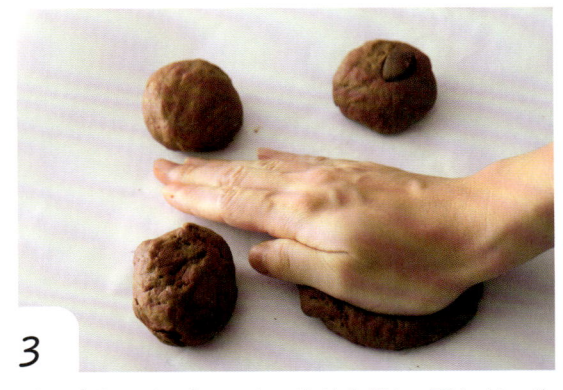

3

手に油をつけ、手のひらで生地を押して平たくし、生地の端を内側に入れるようにして丸める。

4

オーブンシートに*3*を並べ、シートごと*1*の耐熱容器に入れる。ラップをかけて輪ゴムで留め、冷蔵庫の野菜室で8〜10時間おく。

生地を焼く

5

オーブンを180℃に予熱する。*4*を野菜室から出してラップを外し、耐熱容器ごと180℃で20分焼く。熱いうちに好みでバター適量を表面に塗る。

\ **4個分食べきりサイズ** /

容器で混ぜるだけ

シュガーバターのちぎりパン

少し甘い味がほしいときに重宝するパン。
シャリッとした砂糖の食感と、小麦とバターの香りが食欲をそそります。
生地が少しべたつくので、成形する際は手に油をつけて作業して。

材料（15×15×高さ6cmの耐熱容器で4個分）

A | 牛乳（または無調整豆乳）…50g
| 水…20g
| バター（食塩不使用）…6g
| 砂糖…8g

インスタントドライイースト…1g

B | 塩…1g
| 強力粉…100g

米油…適量

C | バター（食塩不使用）…10g
| 砂糖…10g

作り方

生地を仕込む

1 耐熱容器に**A**を入れ、電子レンジ（600w）で約20秒、ぬるま湯程度まで加熱する。ドライイーストを加えて、ゴムベラでしっかりと混ぜ溶かす。**B**を加えて、粉けがなくなるまで3分ほど混ぜる。

2 **1**をひとまとめにして25cm長さに切ったオーブンシートに取り出し、ゴムベラでざっくりと4等分にする。

3 手に油をつけ、手のひらで生地を押して平たくし、生地の端を内側に入れるようにして丸める。

4 オーブンシートに**3**を並べ、シートごと**1**の耐熱容器に入れる。ラップをかけて輪ゴムで留め、冷蔵庫の野菜室に8〜10時間おく。

シュガーバターを作る

5 **C**はラップに軽く包み、指でバターを押しつぶす。軽く折ったりもんだりしながら砂糖を全体になじませ、5cm角の正方形にととのえて冷蔵室で冷やす。

生地を焼く

6 オーブンを180℃に予熱する。**4**を野菜室から出してラップを外し、キッチンばさみで十字に切り込みを入れる（*Point 1*）。

7 **5**を冷蔵室から出してラップごと4等分に割り、**6**の切り込みに1切れずつはさむ（*Point 2*）。耐熱容器ごと180℃で20分焼く。

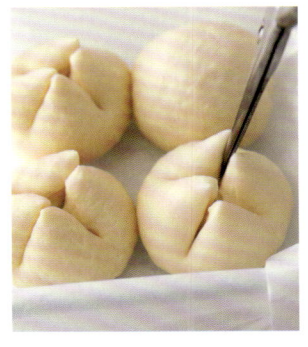

Point 1

キッチンばさみで、生地の高さの半分くらいまでチョキンと切り込みを入れます。切り込みが浅いとシュガーバターがはさみにくいので注意。

Point 2

シュガーバターの材料は、ラップの中でもみ込んでなじませたら冷蔵室へ。冷えて固まったものをパキパキ割って、切り込みにはさんでいきます。

\ **4個分食べきりサイズ** /

容器で混ぜるだけ

抹茶のちぎりパン

シンプルで食べ飽きない抹茶のちぎりパン。焼き上がりの表面は
少し硬めですが、時間をおくとなじんでやわらかくなります。
抹茶は、最初に水を加熱して溶いておくとなめらかに混ざります。

材料（15×15×高さ6cmの耐熱容器で4個分）

水 … 20g

抹茶パウダー … 4g

A 牛乳（または無調整豆乳）… 60g
　 バター（食塩不使用）… 8g
　 砂糖 … 15g

インスタントドライイースト … 1g

B 塩 … 1g
　 強力粉 … 100g

米油 … 適量

作り方

生地を仕込む

1　耐熱容器に水を入れ、電子レンジ（600w）で約20秒、ぬるま湯程度まで加熱する。抹茶パウダーを加え、ゴムベラでよく混ぜる。

2　1にAを加えて電子レンジ（600w）で30秒加熱する。ドライイーストを加えて、しっかりと混ぜ溶かす。Bを加えて、ゴムベラで粉けがなくなるまで3分ほど混ぜる。

3　2をひとまとめにして25cm長さに切ったオーブンシートに取り出し、ゴムベラでざっくりと4等分にする。

4　手に油をつけ、手のひらで生地を押して平たくし、生地の端を内側に入れるようにして丸める。

5　オーブンシートに4を並べ、シートごと2の耐熱容器に入れる。ラップをかけて輪ゴムで留め、冷蔵庫の野菜室に8〜10時間おく。

生地を焼く

6　オーブンを180℃に予熱する。5を野菜室から出してラップを外し、耐熱容器ごと180℃で20分焼く。

ちぎりパンのウインナーサンド

食事パンにしたいときはこれ。生地にソーセージをはさむだけなので、
惣菜パンのように具材を切る手間もありません。
仕上げに、好みでマスタードをかけても。

\ 4個分食べきりサイズ /

材料（15×15×高さ6cmの耐熱容器で4個分）

A | 牛乳（または無調整豆乳）…50g
水…20g
砂糖…5g

オリーブ油…6g

インスタントドライイースト…1g

B | 塩…1g
強力粉…100g

米油…適量

ウインナー…4本

トマトケチャップ…少々

好みで
パセリのみじん切り…少々

作り方

生地を仕込む

1 耐熱容器に**A**を入れ、電子レンジ（600w）で約20秒、ぬるま湯程度まで加熱する。オリーブ油を加えてゴムベラで混ぜる。

2 **1**にドライイーストを加えて、しっかりと混ぜ溶かす。**B**を加えて、粉けがなくなるまで3分ほど混ぜる。

3 **2**をひとまとめにして25cm長さに切ったオーブンシートに取り出し、ゴムベラでざっくりと4等分にする。

4 手に油をつけ、手のひらで生地を押して平たくし、生地の端を内側に入れるようにして丸める。

5 オーブンシートに**4**を並べ、シートごと**2**の耐熱容器に入れる。ラップをかけて輪ゴムで留め、冷蔵庫の野菜室に8〜10時間おく。

生地を焼く

6 オーブンを180℃に予熱する。**5**を野菜室から出してラップを外し、キッチンばさみで斜めに切り込みを入れる（*Point 1*）。

7 **6**の切り込みにソーセージを1本ずつはさみ、トマトケチャップをかける（*Point 2*）。耐熱容器ごと180℃で20分焼く。取り出して好みでパセリをふる。

Point 1
成形した生地の上から斜めに1本、切り込みを入れます。ウインナーをはさみやすいように、生地の真ん中あたりまではさみを入れて。

Point 2
ソーセージを切り込みにはさんで、ケチャップをかけたらオーブンへ。ソーセージが長い場合は、容器におさまるように長さを切って調整します。

袋でもんで、朝すぐ焼ける！

ボウルを使わずポリ袋で作るメリットは、汚れないこと！ 洗いものが減るのはもちろん、袋ごともむので粉が飛び散らず、手も作業スペースもきれいなまま。粉だらけの台を拭くストレスが減るだけでも、パン作りのハードルがグンと下がります。

袋でもむだけ

身体にやさしいズボラ豆乳パン

ポリ袋で作るパンの基本となるのが、この豆乳パン。
道具も材料も手間も、必要最小限ですむように
工夫しました。ハンバーガーのように具をはさんだり、
成形時にチョコやレーズンを混ぜたり、
アレンジも自由自在です。

材料（8個分）

A | 無調整豆乳 … 200g
　| 砂糖 … 15g
　| バター（食塩不使用）… 20g

B | インスタントドライイースト … 3g
　| 強力粉 … 250g
　| 塩 … 2g

強力粉 … 適量（打ち粉用）

作り方

生地を仕込む

1

耐熱ボウルにAを入れ、電子レンジ（600w）で40〜50秒加熱する。

2

別のボウルにポリ袋をセットし、Bを入れる。

体にやさしいズボラ豆乳パン

作り方

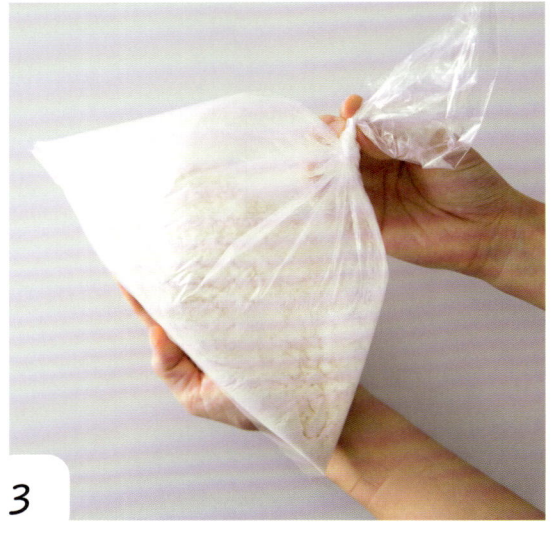

3

2のポリ袋をボウルから外し、空気を入れて口をひねり、均一になるまで振り混ぜる。

4

再びボウルに**3**をセットし、**1**を加える。

| 生地を成形する |

7

台に打ち粉をして**6**の生地を取り出し、カードで8分割する。

8

手に生地をのせて手のひらで押しつぶし、ガスを抜く。

5

4のポリ袋をボウルから外し、袋の上から生地を3〜5分ほどもみ込む。

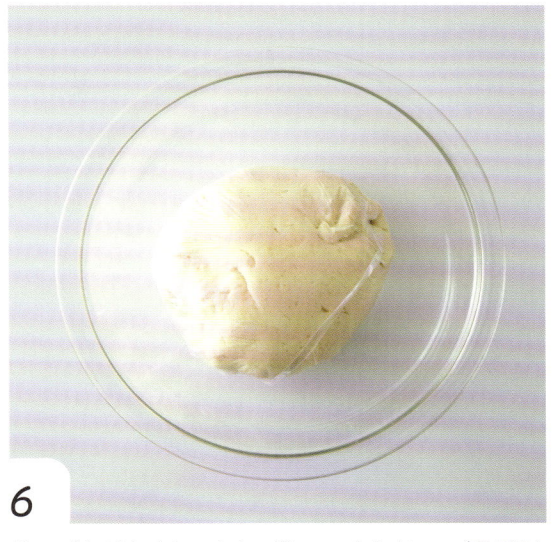

6

粉っぽさがなくなったら、袋の口をねじって（発酵時に破れないように、口は結ばない）生地の下に入れ込み、4のボウルに入れる。冷蔵庫の野菜室で8〜10時間おく。

生地を焼く

9

生地の端からくるくると丸め、端を内側に入れるように形をととのえる。とじ目をつまんで留める。

10

オーブンシートを敷いた天板に9のとじ目を下にして並べ、手に水をつけて生地の表面を湿らせる。オーブンの発酵機能を40℃に設定し、20分加熱。天板を取り出し、オーブンを180℃に予熱し、天板を戻し入れて15分焼く。

トマトとオニオンのピザ

ウインナー＆コーンピザ

袋でもむだけ

お好みズボラピザ

市販のピザのように濃い味ではないから、子どもにも
安心して食べさせられます。生地を丸めてソーセージなどをのせ、
惣菜パンとしても楽しめます（180℃で10〜15分）。

材料（直径18cm2枚分）

A ｜ 水 … 100g
　｜ 砂糖 … 5g

B ｜ オリーブ油 … 15g
　｜ インスタントドライイースト … 2g

C ｜ 強力粉 … 150g
　｜ 塩 … 2g

強力粉 … 適量（打ち粉用）

D ｜ トマトケチャップ … 20g
　｜ マヨネーズ … 5g

好みで
トマト、ピザ用チーズ、玉ねぎ、ウインナー、
コーン、パセリなど … 各適量（トッピング用）

準備

・トッピング用の具材を切る（トマトはくし形切り、玉ね
　ぎは薄切り、ウインナーは斜め切り、パセリはみじん切り）。
・天板にオーブンシートを敷く。

作り方

生地を仕込む

1　耐熱ボウルに**A**を入れ、電子レンジ（600w）で
　約20秒、ぬるま湯程度まで加熱する。**B**を加え
　てゴムベラでよく混ぜ溶かす。

2　別のボウルにポリ袋をセットし、**C**、**1**を入れる。
　袋を取り出して生地を3〜5分ほど、粉けがなく
　なるまでもみ込む（手で押して広げるを何度か
　繰り返す）。

3　まとまったら袋の口をねじって（発酵時に破れ
　ないように、口は結ばない）生地の下に入れ、
　ボウルに戻す。冷蔵庫の野菜室に8〜15時間
　以上おく。

生地を成形する

4　台に打ち粉をして**3**の生地を取り出し、カードで
　2分割する。手またはめん棒で直径18cm程度
　に丸く広げる。

5　オーブンシートを敷いた天板に**4**をのせる。縁
　の内側を指で押して耳を厚めにととのえ（**Point**）、
　手に水をつけて生地の表面を湿らせる。

生地を焼く

6　オーブンの発酵機能を40℃に設定し、**5**を20
　分加熱する。混ぜ合わせた**D**を全体に塗り、好
　みの具材をトッピングする。250℃に予熱したオ
　ーブンで15分ほど焼く。

Point

平らにのばしたら、生地
のふちを指で押して高く
し、耳を作ります。生地
はふわっと、耳はカリッ
と焼き上がり、絶品！

翌日もふわふわ ちびシナモンロール

小ぶりで甘さ控えめのシナモンロール。

スイーツ欲を満たしつつも食べすぎない、ほどよいサイズです。

朝ごはんにも、3時のおやつにもぴったり。翌日までふわふわ感が持続します。

材料（直径6cm 8個分）

A	水 … 30g
	牛乳 … 80g
	砂糖 … 17g
	バター（食塩不使用）… 10g

インスタントドライイースト … 1.5g

| B | 強力粉 … 150g |
| | 塩 … 2g |

| C | シナモンパウダー … 3g |
| | 砂糖 … 20g |

強力粉 … 適量（打ち粉用）

好みで

溶き卵 … 適量（仕上げ用）

作り方

生地を仕込む

1　耐熱ボウルに **A** を入れ、電子レンジ（600w）で約30秒、ぬるま湯程度まで加熱する。ドライイーストを加えてゴムベラでよく混ぜ溶かす。

2　別のボウルにポリ袋をセットし、**B**、**1** を入れる。ポリ袋を外し、袋の上から均一になるまでもみ込む。

3　まとまったら袋の口をねじって（発酵時に破れないように、口は結ばない）生地の下に入れ、ボウルに戻す。冷蔵庫の野菜室に8〜10時間おく。

生地を成形する

4　打ち粉をしたオーブンシートに **3** の生地を取り出し、打ち粉をしながらめん棒で20×30cm程度の長方形にのばす。長辺を手前にして横に置く。

5　奥2cmを残して混ぜ合わせた **C** を全体にのせ、長辺の手前から生地を少しずつ丸める（**Point 1**）。最後はとじ目をつまんでしっかり留める。

6　**5** を8等分に切る（**Point 2**）。

生地を焼く

7　オーブンシートを敷いた天板に **6** の断面を上にして並べる（写真 **a**）。好みで上に溶き卵をぬる。

8　オーブンの発酵機能を40℃に設定し、**7** を20分加熱する。一度天板を取り出し、210℃に予熱したオーブンに戻して表面がこんがりと色づくまで8分ほど焼く。

Point 1

シナモンシュガーをたっぷりとのせ（奥の巻き終わりの部分だけ残しておく）、端からくるくると丸めていきます。

Point 2

包丁はひかず、上から押しつぶすようにカット。焼く前、好みで溶き卵を表面に塗ると、ツヤッと仕上がります。

a

翌日もふわふわ コッペパン

P37のシナモンロールと同じ生地で、成形を変えるだけ。
生地の甘みはあまりないので、具材をはさんで食事パンにしたり、
きなこやココアなどをまぶすなど好みにアレンジして。

材料（4個分）

A 水 … 30g
牛乳 … 80g
砂糖 … 17g
バター（食塩不使用）… 10g

インスタントドライイースト … 1.5g

B 強力粉 … 150g
塩 … 2g

強力粉 … 適量（打ち粉用）

トッピング（分量はコッペパン1個分）
バター（食塩不使用）… 少々（仕上用）

ココア味
ココア（無糖）… 2g、砂糖 … 5g

きなこ味
きなこ、砂糖 … 各2g

Point 1

生地を4等分に分割した
あと、生地をのばして
長辺を3等分にたたみ
ます。

Point 2

とじ目を指でつまんで留
め、15cmくらいの長さ
になるように形をととの
えます。成形後、好みで
牛乳を表面に塗るとツ
ヤが出ます。

作り方

生地を仕込む

1 耐熱ボウルに**A**を入れ、電子レンジ（600w）で
約30秒、ぬるま湯程度まで加熱する。ドライイ
ーストを加えてゴムベラでよく混ぜ溶かす。

2 別のボウルにポリ袋をセットし、**B**、**1**を入れる。
ポリ袋を外し、袋の上から均一になるまでもみ
込む。

3 まとまったら袋の口をねじって（発酵時に破れ
ないように、口は結ばない）生地の下に入れ、
ボウルに戻す。冷蔵庫の野菜室で8〜10時間
おく。

生地を成形する

4 打ち粉をしたオーブンシートに**3**を取り出し、生
地にも打ち粉をしてカードで4分割する。手のひ
らで生地を押してガスを抜き、長方形にのばす。

5 長辺を三つ折りし、とじ目をつまんでしっかり留
める。長さ15cmになるように転がしながら形を
ととのえる（*Point 1.2*）。

生地を焼く

6 オーブンシートを敷いた天板に、**5**のとじ目を
下にして並べる。手に水をつけて生地の表面を
湿らせる。

7 オーブンの発酵機能を40℃に設定し、20分加
熱する。一度天板を取り出し、210℃に予熱した
オーブンに戻して8分ほど焼く。

8 トッピングをする場合は、取り出してバターを塗
り、ココア味、きなこ味の材料を混ぜ合わせ、
焼き上がり後に、それぞれまぶす。

ボウルで混ぜて、朝すぐ焼ける！

ポリ袋とボウルの使い分けは、生地の水分量。特に水分が多いフォカッチャは、作業しやすいボウルがおすすめです。生地の作り方はポリ袋で作るパンと同じ。ボウルで混ぜて冷蔵庫にひと晩おいたら、翌朝は仕上げて焼くだけ。焼きたては、感動間違いなしです！

ボウルで混ぜるだけ

ローズマリー田植えフォカッチャ

私のレシピの中でリピート率、感動DMが一番多いフォカッチャ。
ローズマリーの葉を挿し込む作業は田植えみたいで、子どもと一緒に楽しめると好評です。
野菜をのせてアレンジしたり、おもてなし料理としてもぴったりです。

材料（直径23〜25cm1個分）

A	水 … 175g
	砂糖 … 15g
B	インスタントドライイースト … 2g
	オリーブ油 … 10g
C	強力粉 … 200g
	塩 … 3g

オリーブ油 … 適量

ローズマリー … 適量

塩 … ふたつまみ

準備

・ローズマリーは葉先を約2cm長さに切る。
・天板にオーブンシートを敷く。

作り方

> 生地を仕込む

1

耐熱ボウル（内径18.5cm以上）に**A**を入れ、電子レンジ（600w）で20〜30秒加熱する。**B**を加えてゴムベラでよく混ぜ溶かす。

田植えタイムが楽しい

ローズマリー田植えフォカッチャ

2

1にCを加え、ゴムベラで粉けがなくなるまで混ぜる。

3

2にラップをかけ、オーブンの発酵機能を40℃に設定し、20分加熱する。

生地を焼く

6

オーブンを200℃に予熱する。5を野菜室から出してラップを外し、オリーブ油小さじ1をかけて天板に取り出す。容器と生地の間にゴムベラやカードを少しずつ押し入れ、天板にひっくり返すと外れやすい。

7

オリーブ油小さじ2〜3を全体にかける。

4

ゴムベラで**3**の生地の端を持ち上げ、引っ張りながら中心におく。ボウルを回しながら数か所同様にして行い、生地がのびなくなるまで2〜5周繰り返す。

5

表面をゴムベラでととのえ、ラップをかけて冷蔵庫の野菜室に写真のように発酵するまで10〜15時間おく（写真は野菜室においた発酵後）。

8

生地を平らにならしながら、オリーブ油を手で全体になじませる。両手の指先で数か所、生地を押して軽くへこませ、ローズマリーを挿す。

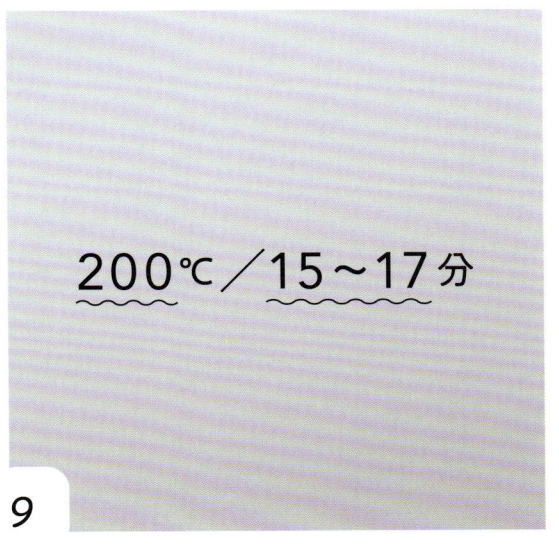

9

200℃／15〜17分

塩を全体にふり、200℃で15〜17分焼く（底に焼き色がついていればOK）。取り出して、好みでオリーブ油を回しかける。

＼ みそが隠し味 ／

44

ボウルで混ぜるだけ

チーズフォカッチャ

SNSで800万回以上再生された大人気レシピ。生地はふんわり、もちもち、
コクのある味わいで本当においしい！ 個人的にも一番よく作っています。
みそを入れることで少ないチーズでもコクが出る、味わい深いフォカッチャです。

材料（直径23〜25cm 1個分）

A ｜ 水 … 175g
　 ｜ 砂糖 … 10g

B ｜ インスタントドライイースト … 2g
　 ｜ オリーブ油 … 10g

C ｜ 強力粉 … 200g
　 ｜ 塩 … 3g

オリーブ油 … 小さじ2〜3

D ｜ ピザ用チーズ … 50g
　 ｜ マヨネーズ、オリーブ油、みそ
　 ｜ 　… 各小さじ1

準備

天板にオーブンシートを敷く。

作り方

生地を仕込む

1 耐熱ボウル（内径18.5cm以上）にAを入れ、電子レンジ（600w）で20〜30秒加熱する。Bを加えてゴムベラでよく混ぜ溶かす。

2 1にCを加え、ゴムベラで粉けがなくなるまで混ぜる。

3 2にラップをかけ、オーブンの発酵機能を40℃に設定し、20分加熱する。

4 ゴムベラで3の生地の端を持ち上げ、引っ張りながら中心におく。ボウルを回しながら数か所同様にして行い、生地がのびなくなるまで2〜5周繰り返す。

5 表面をゴムベラでととのえ、ラップをかけて冷蔵庫の野菜室に10〜15時間おく。

生地を焼く

6 オーブンを200℃に予熱する。5を野菜室から出してラップを外し、天板に取り出す（容器と生地の間にゴムベラやカードを少しずつ押し入れ、天板にひっくり返すと外れやすい）。オリーブ油を全体にふる。

7 ボウルにDを入れて混ぜ、平らにならした6にのせる。

8 両手の指の腹で生地のところどころを押して軽くへこませ（*Point*）、200℃で15〜17分焼く（底に焼き色がついていればOK。焦げそうになったら途中で170℃に下げるか、アルミホイルをかぶせる）。

Point
チーズ入りのソースを生地にのせ、指で押してくぼみを作ります。野菜をのせてアレンジしてもおいしい。

魚が苦手な子どもも食べられる味。大葉のソースは、焼成後にもかけると風味がとばず、いい香りが楽しめます。

大葉ジェノベーゼしらすフォカッチャ

材料（直径23〜25cm 1個分）

A 水 … 175g
　　砂糖 … 10g

B インスタントドライイースト … 2g
　　オリーブ油 … 10g

C 強力粉 … 200g
　　塩 … 3g

大葉ジェノベーゼ

D 大葉のみじん切り … 6枚
　　オリーブ油 … 40〜50g
　　塩 … ふたつまみ
　　おろしにんにく … 1片分

しらす … 適量

準備

天板にオーブンシートを敷く。

作り方

生地を仕込む

P45チーズフォカッチャと同様に *1*〜*5* まで作る。

大葉ジェノベーゼを作る

6 ボウルに *D* を入れて混ぜ、ラップをかけて冷蔵室におく。

生地を焼く

7 オーブンを200℃に予熱する。野菜室から生地を出してラップを外し、天板に取り出す（容器と生地の間にゴムベラやカードを少しずつ押し入れ、天板にひっくり返すと外れやすい）。

8 平らにならした生地に *6* の半量を全体にのせ、両手の指の腹で生地のところどころを押して軽くへこませる。200℃で15〜17分焼く（底に焼き色がついていればOK）。

9 取り出して残りのソースをかけ、しらすを散らす。

クリームチーズの
なめらかさと、
チーズの塩気、
はちみつの甘みが
三位一体となった
リッチなおいしさです。

クリームチーズ＆はちみつフォカッチャ

材料（直径23〜25cm 1個分）

A ｜ 水 … 175g
｜ 砂糖 … 10g

B ｜ インスタントドライイースト … 2g
｜ オリーブ油 … 10g

C ｜ 強力粉 … 200g
｜ 塩 … 3g

オリーブ油 … 小さじ2〜3

ピザ用チーズ … 30g

はちみつ … 大さじ1

クリームチーズ … 適量

準備

天板にオーブンシートを敷く。

作り方

生地を仕込む

P45チーズフォカッチャと同様に*1*〜*5*まで作る。

生地を焼く

6 オーブンを200℃に予熱する。野菜室から生地を出してラップを外し、天板に取り出す（容器と生地の間にゴムベラやカードを少しずつ押し入れ、天板にひっくり返すと外れやすい）。オリーブ油を全体にふる。

7 平らにならした生地にピザ用チーズをのせ、両手の指の腹で生地のところどころを押して軽くへこませる。はちみつ大さじ$1/2$を全体に回しかけて200℃で15〜17分焼く（底に焼き色がついていればOK）。

8 取り出してはちみつ大さじ$1/2$を回しかけ、クリームチーズをバターナイフでところどころにのせる。

ボウルで混ぜるだけ

朝すぐ焼けるピタパン

気軽にピクニックに持っていけるような、かわいいプチサイズのピタパン。
ふくらむと中が空洞になって好きな具材をはさめるので、
ハムや野菜など好みの具を用意してサンドイッチ感覚でどうぞ。

材料（直径15cm 6個分）

A｜水 … 100g
　｜砂糖 … 10g

インスタントドライイースト … 1.5g

オリーブ油 … 10g

B｜強力粉 … 150g
　｜塩 … 2g

強力粉 … 適量（打ち粉用）

準備

・中にはさむ具材を用意する（ハム、スライスチーズ、
　サニーレタス、トマト、コーンなど。サニーレタスはちぎり、
　トマトは半月切りにする）。
・天板にオーブンシートを敷く。

作り方

生地を仕込む

1　耐熱ボウル（内径15cm以上）に**A**を入れ、電
　子レンジ（600w）で30秒加熱する。ドライイー
　ストを加えてゴムベラでよく混ぜ溶かす。

2　**1**にオリーブ油を加えて混ぜ、**B**を加えて混ぜる。
　手で押しながら生地をまとめる。

3　手に水をつけて生地の表面を湿らせ、ラップを
　かけて冷蔵庫の野菜室にひと晩（8〜15時間）
　おく。

生地を焼く

4　オーブンを220℃に予熱する。**3**を野菜室から
　出してラップを外し、打ち粉をしたオーブンシー
　トに取り出す。カードで6分割にする。

5　**4**の生地をめん棒で直径15cm、厚さ3mm程
　度に薄く丸く広げる（**Point**）。オーブンシートご
　と天板にのせ、中がふくらむまで5分ほど焼く。

6　取り出して温かいうちに、キッチンばさみで半分
　に切ってポケット状にする。粗熱が取れたら好
　みの具材を詰める。

Point
扱いやすい生地の配合
にしていますが、めん棒
でのばすと縮みやすい
ので、できるだけしっか
り薄くのばすようにして。

惣菜パン2種

もっちりと噛みごたえのある生地は、どんな具材にも相性バツグン。
ハムエッグパンは卵が1個まるまる入っていて、子どもの朝食にもおすすめ。
「これさえ食べてくれたらOK」と思えるパンです。

コーンチーズパン

ハムエッグパン

コーンチーズパン

材料（4個分）

［生地］

A｜水 … 120g
 ｜砂糖 … 3g

インスタントドライイースト
 … 1.5g

B｜強力粉 … 100g
 ｜薄力粉 … 50g
 ｜塩 … 3g

強力粉
 … 適量（打ち粉用）

［具材］

C｜ホールコーン（缶）
 ｜ … 100g
 ｜マヨネーズ … 20g
 ｜しょうゆ … 5g

ピザ用チーズ … 40g

好みで
パセリのみじん切り
 … 少々

作り方

生地を仕込む

1 耐熱ボウル（内径15cm以上）に**A**を入れ、電子レンジ（600w）で30秒加熱する。ドライイーストを加えてゴムベラでよく混ぜ溶かす。

2 **1**に**B**を加えて、粉けがなくなるまで混ぜる。

3 ゴムベラで**2**の生地の端を持ち上げ、引っ張りながら中心におく。ボウルを回しながら数か所同様にして行い、1周終えたら丸く形をととのえる。

4 生地の表面をゴムベラでととのえ、ラップをかけて冷蔵庫の野菜室に10〜15時間おく。

生地を成形して焼く

5 **4**を野菜室から出してラップを外し、打ち粉をしたオーブンシートに取り出す。カードで4分割する。

6 **5**にしっかり打ち粉をし、軽く平らに広げながら手のひらで押しつぶし、ガスを抜く。

7 生地の端からくるくると丸め、端を内側に入れるように丸く形をととのえる。とじ目をつまんで留める。中心を指で押してくぼませ、くぼんだ部分にフォークで数か所刺す（写真**a**）。

8 ボウルに**C**を入れて混ぜ、**7**のくぼみにのせてピザ用チーズをのせる。

9 オーブンの発酵機能を40℃に設定し、オーブンシートごと10分加熱する。一度天板ごと取り出し、210℃に予熱したオーブンに戻し入れて焼き色がつくまで13〜15分焼く。好みでパセリをふる。

ハムエッグパン

材料（4個分）

［生地］

コーンチーズパンと同じ

［具材］

ハム … 4枚

卵 … 4個

マヨネーズ、粗びき黒こしょう … 各適量

作り方

生地を仕込む

作り方**1**〜**4**まで、コーンチーズパンと作り方は同じ。

生地を成形して焼く

5 **4**を野菜室から出してラップを外し、打ち粉をしたオーブンシートに取り出す。カードで4分割する。

6 **5**にしっかり打ち粉をし、軽く平らに広げながら手のひらで押しつぶし、ガスを抜く。めん棒で直径14cmほどにのばす。

7 直径14cm程度のボウルまたは底が丸い容器に、大きさを合わせて切ったオーブンシートを入れ、**6**の生地を入れる。シートの四隅をねじり、ハム、卵をのせて、マヨネーズ、粗びき黒こしょうをかける（写真**b**）。

8 オーブンの発酵機能を40℃に設定し、ボウルから外した生地をオーブンシートごと10分加熱する。一度天板ごと取り出し、210℃に予熱したオーブンに戻し入れて焼き色がつくまで15〜17分焼く。

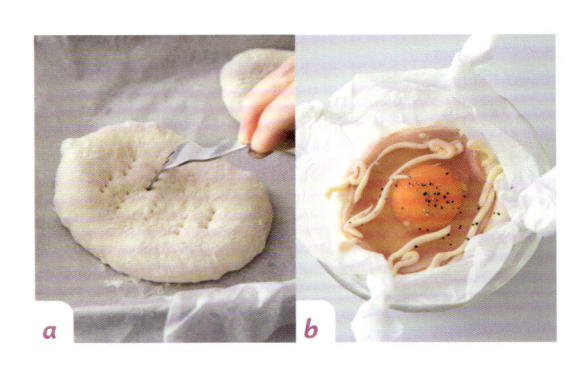

a　b

絹ごし豆腐でなめらか

オーブントースターで
すぐ焼ける米粉パン

米粉はアレルギーの原因といわれるグルテンを含まないのですが、その分、ふくらみにくいのが難点。そこで、強力粉パンとは発想を変え、ベーキングパウダーとオーブントースターで発酵いらずの方法にしました。大きさは、コロンとかわいいひと口サイズ。豆腐を入れてヘルシーなプチパンにしています。

ひと口サイズの米粉プチパン

材料（12〜15個分）

A | 米粉 …80g
　 | 砂糖 …15g
　 | サイリウム …3g
　 | ベーキングパウダー…4g

B | 絹ごし豆腐 …40g
　 | 卵 …1個

準備

オーブントースターの天板にアルミホイル（くっつかないタイプがおすすめ）を敷く。

作り方

| 生地を作る |

1

ボウルに**A**を入れて、泡立て器で全体を均一に混ぜる。

3

生地がもったりと重くなってきたらゴムベラに替えて、ひとまとめにする。

2

1に**B**を加え、豆腐を崩しながら均一に混ぜる。

| 生地を成形して焼く |

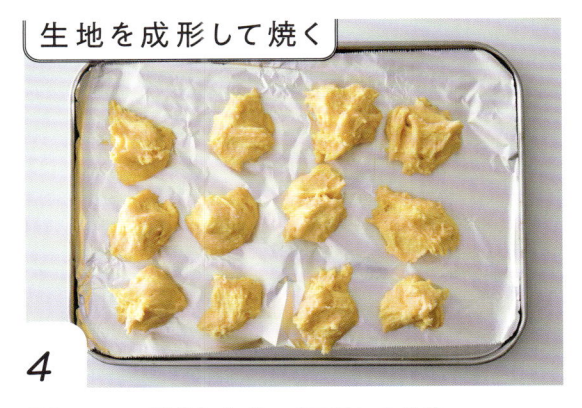

4

3を12〜15等分にちぎって天板にのせる。

5

手のひらで転がして生地を丸め（生地が手につくときは米油〈分量外〉をつける）、オーブントースター（1000w）で焼き色がつくまで5〜8分ほど焼く。

チョコ米粉プチパン

きなこ米粉プチパン

抹茶米粉プチパン

発酵なしで気軽に焼けるから、いろんな味を楽しめる

基本の生地にきなこやココア、抹茶などを
加えるだけ。甘いパンをちょっとだけ
食べたいときに重宝します。

準備

オーブントースターの天板にアルミホイル（くっつか
ないタイプがおすすめ）を敷く。

チョコ米粉プチパン

材料（12〜15個分）

A | 米粉 … 60g
ココア（無糖）… 8g
砂糖 … 10g
サイリウム … 3g
ベーキングパウダー
… 4g

B | 卵 … 1個
絹ごし豆腐 … 40g

クーベルチュール
チョコレート（スイート）
… 20g

作り方

1 ボウルに**A**を入れて、泡立て器で全体を均一に混ぜる。

2 **1**に**B**を加え、豆腐を崩しながら均一に混ぜる。

3 生地がねっとりと重くなってきたらゴムベラに替えて、ひとまとめにする。手で砕いたチョコレートを加えて混ぜる。

4 **3**を12〜15等分にちぎって天板にのせる。

5 **4**の生地をそれぞれ手で丸める（生地が手につくときは米油〈分量外〉をつける）。

6 **5**をオーブントースター（1000w）で焼き色がつくまで5〜8分ほど焼く。

きなこ米粉プチパン

材料（12〜15個分）

A | 米粉 … 70g
きなこ … 15g
砂糖 … 15g
サイリウム … 3g
ベーキングパウダー
… 4g

B | 卵 … 1個
絹ごし豆腐 … 40g

塩 … 少々

作り方

1 ボウルに**A**を入れて、泡立て器で全体を均一に混ぜる。

2 **1**に**B**を加え、豆腐を崩しながら均一に混ぜる。

3 生地がねっとりと重くなってきたらゴムベラに変えて、ひとまとめにする。

4 **3**を12〜15等分にちぎって天板にのせる。それぞれ手で丸める（生地が手につくときは米油〈分量外〉をつける）。

5 塩をふり、オーブントースター（1000w）で焼き色がつくまで5〜8分ほど焼く。

抹茶米粉プチパン

材料（12〜15個分）

A | 米粉 … 80g
抹茶パウダー … 3g
砂糖 … 15g
サイリウム … 2g
ベーキングパウダー
… 4g

B | 卵 … 1個
絹ごし豆腐 … 40g

作り方

P53の米粉プチパンと同様に作る。

レーズンシュガー米粉プチパン

甘酸っぱいレーズンがアクセント。生地に切り込みを入れて、バターをはさみます。

材料（12〜15個分）

A | 米粉 …80g
　 | 砂糖 …15g
　 | サイリウム …3g
　 | ベーキングパウダー…4g

B | 卵 …1個
　 | 絹ごし豆腐 …40g

レーズン …20g

バター（食塩不使用）… 15g

砂糖 …5g

準備

オーブントースターの天板にアルミホイル（くっつかないタイプがおすすめ）を敷く。

作り方

1　ボウルに**A**を入れて、泡立て器で全体を均一に混ぜる。

2　**1**に**B**を加え、豆腐を崩しながら均一に混ぜる。

3　生地がねっとりと重くなってきたらゴムベラに変えて、ひとまとめにする。レーズンを加えて混ぜる。

4　**3**を12〜15等分にちぎって丸め、天板に並べる（生地が手につくときは米油をつける）。

5　キッチンばさみで**4**の生地に1か所切り込みを入れ（P29 *Point 1* 参照）、バター、砂糖を等分にはさむ。オーブントースター（1000w）で焼き色がつくまで5〜8分ほど焼く。

2

すぐ作れる、 身体にいいものだけ

米粉おやつ

私が考えるおやつは栄養をとるための補食。だから、小麦や砂糖、油はできるだけ控えめにし、米粉を使ってゆるめのグルテンフリーを心がけています。小麦粉のような風味は出ませんが、クッキーはサクホロ、ケーキはふわっと軽く、米粉ならではのおいしさに。少量食べきりのものが多いから、作りたてを、しかも罪悪感なくおやつが楽しめますよ。

ひとり分米粉クッキー

オーブントースターの天板1枚分の量だから、ちょこっと甘いものが
食べたいときにすぐ作れます。洗いものもほぼゼロ。
私は、夜、子どもが寝たあとのひとり時間にいただいています。

はちみつ米粉クッキー

抹茶米粉クッキー

／オーブントースターで焼ける！＼

ひとり分抹茶米粉クッキー

難易度 ★ ★ ★ ☆ ☆

材料（15個分）

A | 米粉 … 30g
  | 抹茶パウダー … 1g
  | 片栗粉 … 5g
  | ベーキングパウダー … 1g

B | 米油 … 15g
  | はちみつ … 10g
  水 … 3g

Point

抹茶味は焦げやすいので、焼きはじめは目を離さないで。焼き色が薄くついたらすぐアルミホイルをかぶせます。

準備

オーブントースターの天板と同じくらいの大きさにアルミホイルを切る。

作り方

1 ポリ袋に**A**を入れ、空気を入れて口をひねり、均一になるまで振り混ぜる。

2 **1**に**B**を加え、袋の上からもみ混ぜる。水を加えて生地をまとめる。

3 台に**2**を置き、袋の上からめん棒で10×15cm厚さ約2mmに薄くのばす。袋の上から包丁で15等分する。

4 **3**の袋をキッチンばさみで切り開き、アルミホイルをかぶせる。ホイルと袋を両手ではさんで裏返し、袋を外す。

5 **4**を天板に置き、オーブントースター（1000w）で1〜2分焼く。薄く焼き色がついたらアルミホイルをかぶせ（**Point**）、8分焼く。

ひとり分はちみつ米粉クッキー

難易度 ★ ★ ★ ☆ ☆

材料（15個分）

A | 米粉 … 30g
  | 片栗粉 … 5g
  | ベーキングパウダー … 1g

B | はちみつ … 10g
  | 米油 … 15g
  水 … 2g

準備

オーブントースターの天板と同じくらいの大きさにアルミホイルを切る。

作り方

1 ポリ袋に**A**を入れ、空気を入れて口をひねり、均一になるまで振り混ぜる。

2 **1**に**B**を加えてもみ込み、水を加えて生地をまとめる（ぼそぼそでOK）。

3 台に**2**を置き、袋の上からめん棒で薄く広げる。のばす、たたむを何回か繰り返し、生地がまとまってきたら、10×15cm厚さ約2mmに薄くのばす。袋の上から包丁で15等分する。

4 **3**の袋をキッチンばさみで切り開き、アルミホイルをかぶせる。ホイルと袋を両手ではさんで裏返し、袋を外す。

5 **4**を天板に置き、オーブントースター（1000w）で表面がこんがり色づくまで3〜6分焼く。

栄養満点 さつまいも米粉クッキー

＼ポリ袋で作って洗い物最小限＼

食べるとおいも!?　と思うくらい、さつまいも感たっぷり。
やさしい甘みで、子どものおやつにも小腹がすいたときにも
ちょうどいいおやつです。生地をごく薄くのばすことで、
カリッとした食感に仕上がります。

難易度 ★ ★ ★ ☆ ☆

材料（20〜30個分）

さつまいも（皮を取り除いたもの）…50g

A | 砂糖 …10g
　　 | バター（食塩不使用）…15g

B | 米粉 …10g
　　 | 片栗粉 …10g

牛乳 … 適量（調整用）

準備

・さつまいもは 2〜3mm幅の薄切りにする。
・オーブンを170℃に予熱する。
・天板にオーブンシートを敷く。

作り方

1　さつまいもは濡らしたペーパータオルで包み、耐熱容器に入れる。ラップをかけて電子レンジ（600w）で2分加熱する。

2　*1*の粗熱が取れたらポリ袋に入れ、*A*を加えて手でつぶし、ペースト状にする。

3　*2*に*B*を加え、生地がまとまるまでもみ込む。（まとまらないときは牛乳を少しずつ足す）。

4　台に*3*を置き、袋の上からめん棒で薄く広げる。14×14cm×厚さ2mmに薄くのばす（*Point*）。

5　*4*の生地を、袋の上から包丁で20〜30等分する。

6　キッチンばさみで*5*の袋を切り開いて取り出し、天板に並べる。

7　170℃に予熱したオーブンで表面がこんがり色づくまで15〜20分焼く。

Point

カリカリ生地が好みなら
生地は薄めにのばして。
さっくりとした食感にする
なら、5mm厚さくらいで
OK。

袋でもむだけ
米粉の抹茶スノーボールクッキー

指で軽く押すだけで、ほろりと割れる軽い食感。
子どもも大好きなクッキーです。生地の甘みはごく控えめにしているので、
最後にふる粉糖の量で甘さを調整してください。
大きさは多少不ぞろいになっても大丈夫。気楽に作ってみて。

難易度 ★ ★ ☆ ☆ ☆

材料（20～25個分）

A | 米粉…70g
　　 | 片栗粉…20g
　　 | 砂糖…20g
　　 | 抹茶パウダー…4g

米油…40g

水…適量

粉糖…適量

準備

・オーブンを170℃に予熱する。
・天板にオーブンシートを敷く。

作り方

1　ポリ袋に**A**を入れ、空気を入れて口をひねり、均一になるまで振り混ぜる。

2　**1**に米油を加えて、なじむまでもみ込む。水を1gずつ加えて、手でぎゅっとつかんで崩れない程度の生地感にする。

3　台に**2**を置き、直径3cmほどの大きさになるように押し固めながら丸める。

4　天板に**3**を並べ、170℃に予熱したオーブンで焼き固まるまで15～18分焼く。

5　粗熱が取れたら、ポリ袋に**4**、粉糖を入れてやさしくなじませる（*Point*）。

Point

仕上げはポリ袋で。軽く混ぜて粉糖をなじませます。クッキーの焼き上がりは崩れやすいので、冷めるまで触らないこと。

お砂糖最小限 米粉ドロップクッキー

バターを常温に戻したり、型抜きしたりといった、クッキー作りの手間を
一切省いた、究極のラクチンレシピ。なのに見た目はおしゃれで、
甘さ控えめのさくっとした生地がとっても香ばしくておいしいクッキーです。
家にいながらカフェ気分が楽しめるから、コーヒーのおともにしょっちゅう作っています。

難易度 ★ ☆ ☆ ☆ ☆

材料（10個分）

バター（食塩不使用）…40g

砂糖…30g

卵…1個

A │ 米粉…100g
  │ ベーキングパウダー…2g

クーベルチュールチョコレート（スイート）…40g

準備

・オーブンを180℃に予熱する。
・天板にオーブンシートを敷く。

作り方

1　耐熱ボウルにバターを入れ、電子レンジ（600w）で溶けるまで1分ほど加熱する。

2　**1**に砂糖を加え、泡立て器で混ぜる。

3　**2**に卵を加えて混ぜ、全体がなじんだら**A**を加え、粉けがなくなるまで混ぜる。

4　**3**をひとまとめにし、砕いたチョコレートを加えてスプーンで混ぜる。

5　天板に**4**をスプーンで等間隔に落とす（10個分）。スプーンの底で押しつけて厚さ1cm程度にする。

6　180℃に予熱したオーブンで焼き色がつくまで10〜15分焼く。

袋でもむだけ さっくり抹茶スコーン

苦みと甘みのバランスがいい、抹茶とホワイトチョコの組み合わせ。
コーヒーチェーンで見かけるような三角形のアメリカンスコーンなので型抜きは不要。
初めてのスコーン作りにもおすすめです！

難易度 ★ ☆ ☆ ☆ ☆

材料（6個分）

A | 米粉 … 100g
ベーキングパウダー … 5g
抹茶パウダー … 4g
砂糖 … 25g

バター（食塩不使用）… 15g

無調整豆乳（または牛乳）… 50g

ホワイトチョコレート … 30〜40g

準備

・オーブンを190℃に予熱する。
・天板にオーブンシートを敷く。

作り方

1 ポリ袋に**A**を入れて振り混ぜる。バターを加え、指でつぶして生地をこすり合わせながら全体になじませる。

2 **1**に豆乳を加えてなじませ、袋の上から何度かたたみながらまとめる（*Point 1*）。

3 **2**に手で砕いたホワイトチョコレートを加え、さらにたたみながら混ぜ込む。

4 **3**の袋の上から直径12cm程度に丸くととのえ、袋の上から包丁で6等分し、キッチンばさみで袋を切り開く（*Point 2*）。

5 天板に**4**を並べ、190℃に予熱したオーブンで18分焼く。

Point 1
生地に豆乳を加えたら、手のひらで押して全体をなじませます。袋の上からたたむ、つぶすを繰り返すと、さっくりとした生地に。

Point 2
ポリ袋を切るときは、袋の口の両端にチョンとはさみを入れて手で開けばOK。キッチンばさみを汚さずに、簡単に取り出せます。

最大限かぼちゃを詰め込んだ かぼちゃスコーン

子どもに野菜を食べさせたいけれど、なかなか食べてもらえない。
そんなときはかぼちゃを練り込んだおやつが便利。
かぼちゃはレンチンでOKですが、蒸したものを使うと中がしっとり仕上がります。

難易度 ★ ★ ★ ☆ ☆

材料（9個分）

かぼちゃ（皮とワタを除いたもの）… 100g

A 卵 … 1個
　 砂糖 … 20g
　 バター（食塩不使用）… 20g

B 米粉 … 100g
　 ベーキングパウダー … 4g

米粉 … 適量（調整用）

牛乳（または無調整豆乳）
　 … 大さじ1（生地がまとまらない場合）

Point 1

ポリ袋はスーパーでもらうものより厚手が安心。材料を入れたら、空気を入れてふくらませるともみ込みやすくなります。

Point 2

袋の上から等分すると、包丁や手に生地がつきにくく、ベタベタしません。包丁はひかずに、上から押しつけて。

準備

・ オーブンを180℃に予熱する。
・ 天板にオーブンシートを敷く。

作り方

生地を作る

1　かぼちゃはラップで包み、電子レンジ（600w）で2分30秒加熱する。

2　*1*の粗熱が取れたらポリ袋に入れ、*A*を加えてもみ込む（*Point 1*）。

3　*2*に*B*を加え、空気を入れて振り混ぜる。袋の上から粉けがなくなるまでもみ込む（生地がやわらかすぎるときは、まとまるまで米粉を少しずつ足して調整する）。

4　*3*の生地を12×12×厚さ2cm程度にととのえる（生地がパサつき、まとまらないときは、牛乳を少しずつ加えてもう一度もみ込む）。

生地を焼く

5　袋の上から直径12cm程度に丸くととのえる。袋の上から包丁で9等分し、キッチンばさみで袋を切り開く（*Point 2*）。

6　天板に*5*を並べ、180℃に予熱したオーブンで焼き色がつくまで15〜20分焼く。

栄養満点 さつまいもスコーン

おやつとは思えないくらい、みっちりとさつまいもが入っていて食べごたえ満点！
スコーンとパンの中間くらいの食感なので、朝ごはんにもおすすめです。
栄養がとれて油も砂糖も控えめだから、朝から食べても罪悪感ありませんよ。

難易度 ★ ★ ★ ☆ ☆

材料（9個分）

さつまいも（皮を除いたもの）… 120g

A｜ 砂糖 … 20g
　｜ バター … 20g
　｜ 卵 … 1個

B｜ 米粉 … 120g
　｜ ベーキングパウダー … 4g

牛乳（または無調整豆乳）
　… 適量（生地がまとまらない場合）

水 … 少々

黒いりごま … 少々

準備

・さつまいもは、2～3mm幅の薄切りにする。
・オーブンを180℃に予熱する。
・天板にオーブンシートを敷く。

作り方

生地を作る

1　さつまいもは濡らしたペーパータオルで包み、耐熱容器に入れる。ラップをかけて電子レンジ（600w）で2～3分加熱する。

2　*1*の粗熱が取れたらポリ袋に入れ、*A*を加える。仕上げ用の卵黄をスプーンで少々取り分けておく。袋の上からさつまいもとバターをつぶし、全体がなじむまで混ぜる。

3　*2*に*B*を加え、空気を入れて振り混ぜる。袋の上から粉けがなくなるまでもみ込む（まとまらないときは牛乳を少しずつ足す）。

生地を焼く

4　*3*の生地を12×12×厚さ2cm程度の長方形にととのえる。袋の上から包丁で9等分し、キッチンばさみで袋を切り開く。

5　天板に*4*を並べる。取り分けた卵黄に水を加えて薄め、生地の表面にスプーンで塗る。

6　黒いりごまをのせ、180℃に予熱したオーブンで17～20分焼く。

72

型不要 やさしい甘みのりんごケーキ

りんごの酸味がさわやかなケーキです。型はオーブンシートを
ねじっただけの大雑把な作りなのに、見た目がかわいいのもポイント。
お客さまに出せば、感動してもらえること間違いなし!

難易度 ★ ★ ★ ☆

材料（1個分）

A | 卵 … 1個
  | 砂糖 … 20g
  | 米油 … 20g

米粉 … 60g

B | ベーキングパウダー … 3g
  | （好みで）レモン果汁 … 1g

りんご … $1/2$ 個

（好みで）粉糖 … 適量

準備

・りんごは皮ごと2cm厚さのくし形に切る。2枚分
ほど1cm角に切り、残りはひと口大に切る。
・オーブンシートで型を作る（写真a）。
・オーブンを180℃に予熱する。

作り方

生地を作る

1　ボウルに**A**を入れて泡立て器でよく混ぜる。

2　**1**に米粉を加え、とろみがつく程度にしっかりと
混ぜる。

3　**2**に**B**を加え、さっと混ぜる。ひと口大に切った
りんごを加えて軽く混ぜる。

生地を焼く

4　準備しておいた型に**3**を流し入れ、角切りのり
んごを上に散らす。

5　180℃に予熱したオーブンで**4**を15〜20分焼
く（すぐに食べない場合は、粗熱がとれたらラッ
プをかけ、冷蔵室で保存して早めに食べきる）。
好みで粉糖をふる。

型の作り方

a

25×20cmに切ったオー
ブンシートの四隅をひね
り、長方形の型を作る
（でき上がり寸法の目安
は約10×15cm）。

フライパンで完結 りんごパンケーキ

フライパンひとつで作れて、生地を裏返す工程もなし。
誰でも失敗なく作れます。焼きたてをそのまま食べるのはもちろん、
バニラアイスクリームや生クリームをのせると最高!

難易度 ★ ★ ★ ☆

材料（直径20cmのフライパン1個分）

りんご … $^1/_2$ 個

A | 卵 … 1個
　 | 無調整豆乳（または牛乳） … 80g
　 | 米油 … 6g
　 | 米粉 … 60g

B | ベーキングパウダー … 4g
　 | レモン果汁 … 2g

C | 砂糖 … 20g
　 | 水 … 30g
　 | バター … 10g

作り方

りんごを切る

1

りんごは皮ごと3〜5mm厚さの薄いくし形に切る。

生地を作る

2

ボウルに*A*を入れる。

フライパンで完結りんごパンケーキ

3

粉けがなくなるまで泡立て器でよく混ぜる。

りんごを煮る

4

直径20cmのフライパンに**C**を入れ、弱火から中火にかける。

生地を焼く

7

しんなりして水分がなくなってきたら弱火にし、りんごを放射状に並べて**6**を流し入れる。

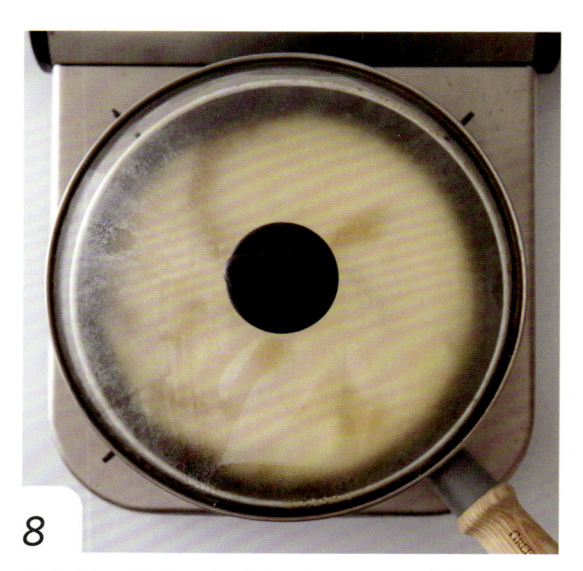

8

ふたをして弱火で火が通るまで10〜15分焼く。

5

*4*が煮立って大きな気泡が出てきたら、*1*を加える。

生地を仕上げる

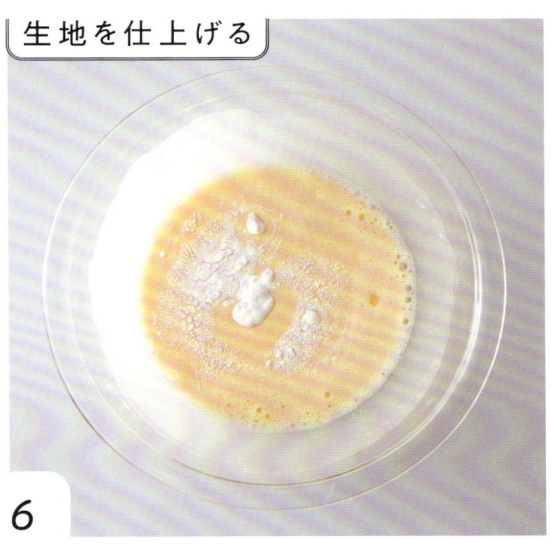

6

りんごを煮ている間に、*3*に*B*を加えてさっと混ぜる。

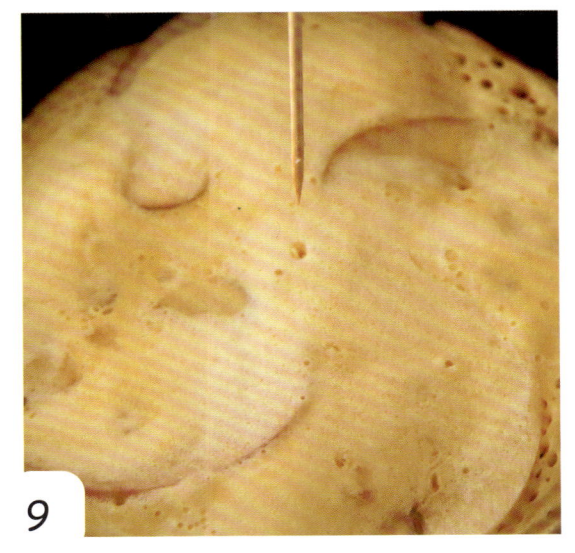

9

竹串を刺し、生地がつかないか確認する。生地がくっつくようなら、火が通るまで焼く。

10

ふたを外して火を止める。フライパンより大きい平皿をかぶせ、上下を返して器に盛る。

米粉なのにしっとり チョコマフィン

パサつきやすい米粉ですが、バターとはちみつでしっとり食感に。

ほかの米粉おやつより甘さがあるので、

甘いもの欲を満たしてくれるのもうれしい。

難易度 ★ ★ ☆ ☆ ☆

材料（直径9cmのマフィンカップ4個分）

バター（食塩不使用）…35g

A 砂糖…10g
　　はちみつ…30g
　　卵…1個

無調整豆乳（または牛乳）…80g

B ココア（無糖）…18g
　　米粉…120g

クーベルチュールチョコレート（スイート）…50g

ベーキングパウダー…5g

クーベルチュールチョコレート（スイート）
　… 適量（仕上げ用）

準備

・オーブンを170℃に予熱する。
・マフィン型にマフィンカップを入れる。

作り方

生地を作る

1　耐熱ボウルにバターを入れ、電子レンジ（600w）で40秒加熱する。

2　*1*が溶けたら*A*を加え、泡立て器で混ぜる。豆乳を加えて全体を混ぜる。

3　*2*に*B*を加え、粉けがなくなるまで混ぜる。

4　*3*に手で砕いたチョコレート、ベーキングパウダーを加え、ゴムベラでさっと混ぜる。

生地を焼く

5　準備したマフィン型に*4*を流し入れ、仕上げ用のチョコレートを砕いてトッピングする（*Point*）。

6　170℃に予熱したオーブンで*5*を20分焼く。粗熱が取れたら型から外す。

Point

マフィンカップに生地を流して焼くだけ。成形いらずのマフィンは、焼き菓子の中でもとくに手軽に作れます。

ゆで卵と作る かぼちゃ蒸しパン

朝ご飯に作ることが多い、かぼちゃ蒸しパン。

理由は、フライパンの空いたスペースで一緒にゆで卵が作れるから。

しっとりやわらか、小さい子どもでも食べやすい味わいです。

難易度 ★ ★ ★ ☆ ☆

材料（15×15×高さ6cmの耐熱容器1個分）

かぼちゃ（皮とワタを取る）…60g

A 卵…1個
　 砂糖…20g

無調整豆乳（または牛乳）…50g

米粉…60g

ベーキングパウダー…5g

準備

・かぼちゃは皮とワタを取る。

・耐熱容器にオーブンシートを敷く。

作り方

生地を作る

1 かぼちゃはラップで包み、電子レンジ（600w）で約2分やわらかくなるまで加熱する。

2 直径15cm以上のやや深めのフライパンに水を深さ3cmほど入れて火にかける。

3 ボウルに**1**を入れてフォークでつぶし、ペースト状にする。**A**を加えて泡立て器でよく混ぜる。

4 **3**に豆乳、米粉を順に加え、その都度混ぜる。粉けがなくなったらベーキングパウダーを加えてさっと混ぜる。

生地を蒸す

5 準備した耐熱容器に**4**を流し入れる。

6 蒸気が立ち上がった**2**のフライパンに**5**を入れ、ふたをして中火で10〜15分蒸す（*Point 1.2*）。竹串を刺し、生地がつく場合は火が通るまで蒸す。

Point 1

水滴が落ちると生地がペタッとしてしまうので、大きめのふきんなどでふたを包んで防止。引火しないよう、ふきんの端は上でしっかり結んで。

Point 2

蒸しはじめたら、容器とフライパンの間に卵を入れて。ゆで加減はお好みで。10分弱で取り出せば半熟になります。

思い立ったらすぐ作れる 米粉クレープ

ご飯もパンもない朝は、クレープの出番。10分足らずでさくっと
作れるお助けメニューです。ツナマヨやレタスをのせて食事にしたり、
バナナやチョコソースでおやつにしたり、アレンジは自由に。

難易度 ★ ☆ ☆ ☆ ☆

材料 (約8枚分)

A 砂糖 … 8g
　 卵 … 1個
　 米油 … 8g
　 米粉 … 50g
　 無調整豆乳 (または牛乳) … 100g

米油 … 適量 (焼き油用)

(好みで) ホイップクリーム、ジャム … 各適量

作り方

生地を作る

1　ボウルに**A**を入れて泡立て器で混ぜる。

生地を焼く

2　直径20cmのフライパンを弱火にかけ、ペーパータオルで米油を薄くなじませる。

3　おたまで**1**を少量 (約1/8量) 流し入れ、フライパンを傾けながら薄く全体に広げる (*Point 1.2*)。生地表面がプツプツと穴があいて焼き目がついたら裏返し、30秒ほど焼く。

4　残りも同様にして焼いて器に盛り、好みでホイップクリームやジャムを添える。

Point 1

生地を流したら、フライパンを傾けて全体に広げます。生地が足りなくなってもあとで埋められるので気にせずに。

Point 2

穴があいている部分は少量だけ生地をのせて均一にします。気泡が出てきたら端を持ち上げて焼き加減を確認。

材料ふたつ 米粉のおだんご

おだんごの材料の白玉粉や上新粉はお米が材料だから、
米粉で作ることもできるんです。作り方は簡単。
ポリ袋で混ぜてゆでるだけで完成。焼き菓子同様、時間がたつと
かたくなりやすいので、作ったらすぐに食べるのがおすすめです。

難易度 ★ ★ ☆ ☆ ☆

材料（10個分）

A │ 米粉 …50g
　 │ 絹ごし豆腐 …60g

米粉 … 適量（調整用）

B │ 片栗粉 …5g
　 │ 砂糖、しょうゆ … 各20g
　 │ みりん …10g
　 │ 水 …30g

準備

鍋に湯を沸かす。

作り方

┌─────────────────┐
│ **生地を作る** │
└─────────────────┘

1　ポリ袋に**A**を入れ、耳たぶくらいのやわらかさになるまでもみ混ぜる（ゆるければ米粉少量を足して調整する）。

2　袋の底に生地を寄せて長方形にする。菜箸などで横半分に筋をつけてから、包丁で10等分に切る（**Point**）。

┌─────────────────┐
│ **生地をゆでる** │
└─────────────────┘

3　キッチンばさみで袋を切り開いて**2**を取り出し、手に水をつけて1切れずつ丸める。たっぷりの湯で10分ゆでる。

┌─────────────────┐
│ **みたらしだれを作る** │
└─────────────────┘

4　耐熱容器に**B**を入れてゴムベラで混ぜ、ラップをかけずに、電子レンジ（600w）で30秒加熱する。取り出して混ぜ、とろみが足りなければ10秒ずつ加熱する。

5　竹串に**3**を2〜3個ずつ刺し、**4**をからめる。

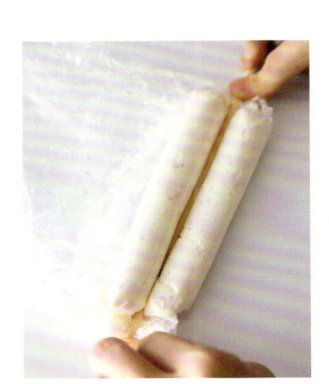

Point

生地に対して箸を横に置き筋をつけて2等分してからカット。竹串に刺す数はお好みで。きなこ、あんこで楽しんでも。

お砂糖最小限 バナナココアパウンドケーキ

バナナを生地に全部混ぜ込まず、半分カットしたバナナをトッピングに活用。
かわいいビジュアルと、やさしい甘みでコクもあって、
満足感たっぷりのおやつです。個人的にリピ率No.1！

難易度 ★ ★ ☆ ☆ ☆

材料（18×8×高さ6cmのパウンド型1台分）

バナナ（熟れたもの）… 小〜中2本

A │ 卵 … 1個
　 │ 砂糖 … 35g
　 │ 米油 … 30g
　 │ 牛乳（または無調整豆乳）… 20g

B │ ココア（無糖）… 15g
　 │ 米粉 … 90g

ベーキングパウダー … 6g

準備

・バナナ1本は皮ごと縦2等分にする。
・パウンドケーキ型にオーブンシートを敷く。
・オーブンを170℃に予熱する。

作り方

┌ **生地を作る** ┐

1　ボウルにバナナ（切っていないもの）1本を入れ、泡立て器でつぶしてペースト状にする。

2　1に A を加えて混ぜ、全体がなじんだら B を加えて混ぜる。

3　ベーキングパウダーを加え、さっと混ぜる。

┌ **生地を焼く** ┐

4　準備した型に 3 を流し入れる。切ったバナナを交互にのせる（*Point 1.2*）。

5　170℃に予熱したオーブンで35〜40分焼く。粗熱が取れたら型から外す。

Point 1

バナナは切り方を変え、トッピング用は縦半分に切ります。皮ごと切ってからむくと、形が崩れません。

Point 2

切り口を下にして交互にのせます。長くて型に入らない場合は、長さを切って調整を。

朝ごはんにもなる
にんじんパウンドケーキ

子どもが野菜を食べてくれない…そんな悩みにはこのおやつ。
にんじんが苦手な子どももたくさん食べてくれます。
大人向けには、生地にシナモンを多めに入れるとおしゃれな味わいに。

難易度 ★ ★ ★ ☆ ☆

材料 （18×8×高さ6cmのパウンド型1台分）

にんじん …65g

A｜卵 …1個
　｜砂糖 …20g
　｜米油 …20g

B｜米粉 …100g
　｜シナモンパウダー… 小さじ$1/4$
　｜レーズン …30g

ベーキングパウダー…4g

C｜クリームチーズ …50g
　｜砂糖 …15g
　｜レモン果汁 …3g

準備

・にんじんは皮をむかずにボウルにすりおろす。
・クリームチーズは室温に戻す。
・パウンドケーキ型にオーブンシートを敷く。
・オーブンを180℃に予熱する。

作り方

┌─ 生地を作る ─┐

1　ボウルにすりおろしたにんじん、*A*を入れ、泡立て器で混ぜる。

2　*1*に*B*を加えて混ぜる。ベーキングパウダーを加え、さっと混ぜる。

┌─ 生地を焼く ─┐

3　準備した型に*2*を流し入れる。

4　180℃に予熱したオーブンで30分焼く。粗熱が取れたら型から外し、冷めるまでラップに包んでおく。

┌─ レモンチーズクリームを塗る ─┐

5　ボウルに*C*を入れ、ゴムベラですり混ぜる。全体がなじんだら*4*の上にまんべんなくのせる（*Point*）。

Point

生地が冷めたら、レモンチーズクリームをたっぷりのせて完成。しっとり感が加わります。

おもてなし レモンパウンドケーキ

時間があるときに挑戦したい、アイシングがけのおしゃれなパウンドケーキ。
小麦粉で作るパウンドケーキより軽い食感です。
誰にも喜ばれるさわやかな風味は、手みやげにもおすすめ。

難易度 ★ ★ ★ ★ ★

材料（18×8×高さ6cmのパウンド型1台分）

バター（食塩不使用）…25g

A｜ 米油…25g
　　無調整豆乳（または牛乳）…20g
　　レモン果汁…5g

B｜ 砂糖…40g
　　卵…2個

レモン（国産）…1個

米粉…100g

ベーキングパウダー…4g

C｜ 粉糖…10g
　　レモン果汁…4g

準備

・レモンの皮はすりおろす。
・パウンドケーキ型にオーブンシートを敷く。
・オーブンを170℃に予熱する。

作り方

生地を作る

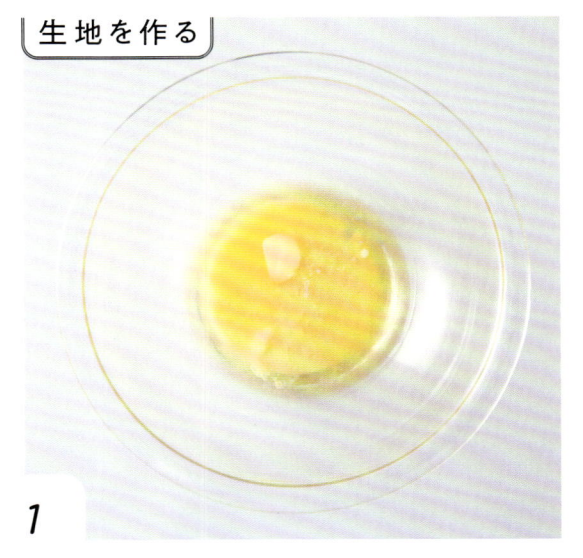

1
耐熱ボウルにバターを入れ、電子レンジ（600w）で30秒加熱する。

2
1にAを入れて泡立て器でよく混ぜる。

おもてなしレモンパウンドケーキ

3

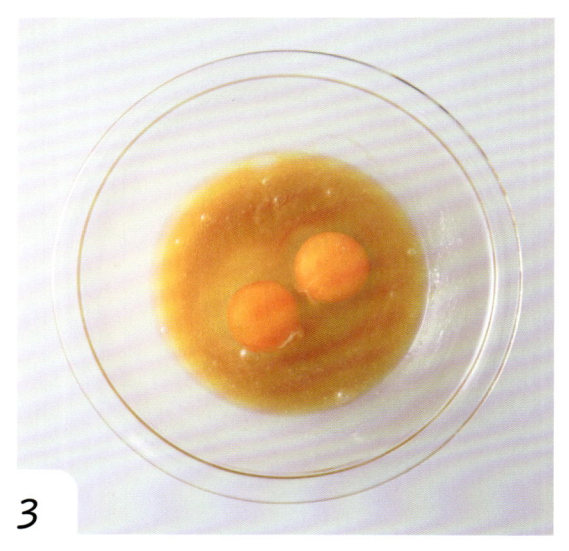

2にBを加えてよく混ぜる。

4

米粉、レモンの皮のすりおろし$3/4$量を加える。

生地を焼く

7

オーブンシートを敷いたパウンドケーキ型に6を流し入れる。

8

170℃に予熱したオーブンで30分焼く。粗熱が取れたら型から外し、ラップに包んで冷めるまでおく。

Point

アイシングは、すくってた
らりと落ちる程度のかた
さに。ゆるい場合は粉糖
を、固い場合はレモン果
汁を少々足して調整して。

5

粉けがなくなるまでよく混ぜる。

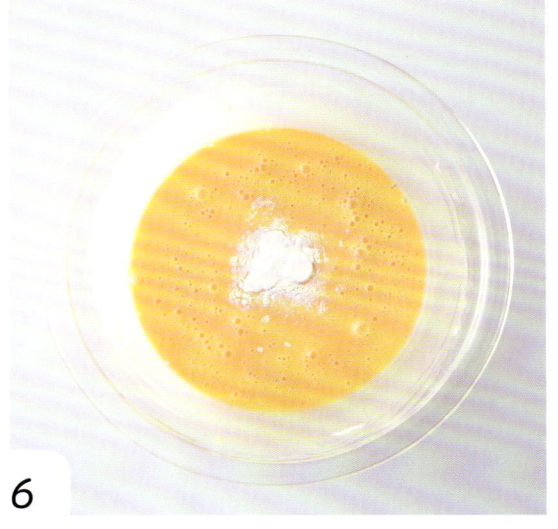

6

ベーキングパウダーを加え、さっと混ぜる。

アイシングをかける

9

小さいボウルに C を入れてゴムベラで混ぜてアイシ
ングを作る（**Point**）。とろみがついたらラップを外した
8 にかける。

10

残りのレモンの皮のすりおろしを散らす。

レシピ Q & A 集 〈よくある質問に答えます！〉

マグケーキ

Q ふくらみが悪いのはなぜ？

A 原因はベーキングパウダーの場合も。開封すると湿気を帯びやすくなり、ガス発生力が徐々に低下します。開封後は密閉容器に入れ、冷暗所に保管すると安心です。あまり使わない場合は、小分けされた個包装品を使っても。

Q 新しいベーキングパウダーを使ってもふくらみが悪いです

A 各工程でしっかり混ぜると、均一にふくらみます。とくに卵は混ざりにくいので、しっかりと混ぜてください。ベーキングパウダーは水を加えると反応して発泡を始めるため、ベーキングパウダーを入れたあとは、さっと混ぜてすぐ加熱を始めるのもコツ。

Q 作ったあと、マグカップを洗うのが大変

A 水に5分ほどつけ置きすると汚れが落ちやすくなりますよ。

Q マグカップはどんなものでもOK？

A レンジ加熱できるものなら、どんなカップでも大丈夫。おすすめは、底に向かって細くなるテーパード形のマグカップ。ふんわりときれいにふくらみます。

強力粉パン

Q 野菜室で寝かせないとダメ？

A 温度が高い野菜室はいちばん発酵しやすい環境なのでおすすめですが、冷蔵室でも作れます。その場合は発酵速度が落ちるので、作った生地を常温で30分〜1時間おいてから冷蔵室に入れるか、生地を取り出したあとで、常温またはオーブンの発酵機能（40℃で15分ほど）を使って加温（生地が1.5倍程度にふくらむまで様子を見ながら時間調整）すると野菜室同様に作れます。常温で行う場合は部屋の暖かい場所に置いて発酵させてください。

Q 指定の時間以上寝かせてもいい？

A 指定時間以上寝かせると過発酵になり、風味や仕上がりが変わってしまいます。どうしても指定時間以上寝かせてしまうときは、途中でガス抜きをすることをおすすめします。

袋で作るパンの場合は、袋の口を開けて生地を袋の上から押し、ボウルで作るパンの場合は、ゴムベラなどで生地を丸くととのえるようにするとガスが抜けてくれます。

Q 8時間寝かせても
あまり発酵しません

A ドライイーストが古かったり、保存状態が良くない場合、発酵不足になる場合があります。一度開封したドライイーストは密閉容器に入れ、冷蔵または冷凍保存がおすすめです。

Q 新しいドライイーストなのに
発酵しません

A メーカーによって、野菜室の設定温度や冷え方は異なります。なるべく冷却口付近を避けて置くようにしてください。野菜室の中でも、上段手前は温度が高い傾向があるので、置く場所を変えるのも対策になります。それでも発酵しない場合は、左ページの **Q**「野菜室で寝かせないとダメ？」の回答を参照して、常温またはオーブンの発酵機能で発酵させてみて。

Q 冷蔵庫ではなく
常温発酵させてもいい？

A 冷蔵庫の温度で、時間をかけてじっくり発酵させる生地の配合にしているため、冷蔵庫で寝かせてください。発酵しない場合は、左ページの **Q**「野菜室で寝かせないとダメ？」の回答のように常温発酵も併用できます。

Q 米粉でも作れる？

A 強力粉で作る生地の配合にしているため、米粉での代用はできません。

Q 市販の甘味料を使ってもいい？

A 甘味料はふくらみが悪くなる要因になるため、砂糖をおすすめします。

Q 倍量で作ってもいい？

A 生地量が増えると、焼成の際にオーブン庫内の温度が上がりにくくなり、生焼けになる恐れが。倍量で作る場合は、生地に焼き色がつくまで焼き時間をのばすなど調整が必要です。

米粉おやつ

Q どのメーカーの米粉でもいい？

A メーカー、品種などによって吸水率が大きく異なり、レシピ通りに作っても仕上がりが変わります。本書のレシピはお菓子作りに適した吸水率の共立食品「米の粉」（P6）で作っているので、同じ製品で作ることをすすめます。

Q 米粉はふるわなくてもいいの？

A 米粉は小麦粉と比較してダマになりにくいため、ふるわずにそのまま使えます。

Q 混ぜ方にコツはある？

A 米粉は小麦粉と異なり、混ぜる過程でグルテンができないためふつうに混ぜればOK。生地がまんべんなく均一に混ざっていることが大切です。

Q 作ったあとの保存方法は？

A 乾燥しやすいので、パウンドケーキなどは粗熱が取れたらすぐにラップで包んでおきましょう。翌日以内に食べ切るなら常温。それ以降に食べる場合は、小分けにして冷凍保存がおすすめです。

Q ふっくら焼けません。どうして？

A 原因はベーキングパウダーの場合も。開封すると湿気を帯びやすくなり、ガス発生力が徐々に低下します。開封後は密閉容器に入れ、冷暗所に保管すると安心です。あまり使わないときは、小分けされた個包装品を使っても。

リケコ

主婦兼webマーケター。子育てをきっかけに「からだにやさしい」健康視点でのおやつ、食事作りを始める。2023年7月よりInstagramでのレシピ投稿を開始。パン作りの魅力が伝わるレシピ動画が反響を呼んでたちまち大人気に。大学院での材料研究の経験を活かし、理系らしくベストな配合で、再現性の高いレシピを目指している。本書が初の著書となる。

リケコ│米粉おやつと、週末パンのレシピ。
Instagram　@mutenka_rikeko
YouTube @ user-cf7pq1ip8x

身体_{からだ}にいいものだけ！
身体にいいものだけ！
すぐ作れる朝ごパン、米粉おやつ

2024年10月10日　初版発行
2025年4月15日　3版発行

著者	リケコ
発行者	山下直久

発行　　株式会社KADOKAWA
　　　　〒102-8177　東京都千代田区富士見2-13-3
　　　　電話　0570-002-301（ナビダイヤル）

印刷所　TOPPANクロレ株式会社
製本所　TOPPANクロレ株式会社